짤/라/보/는 고전

사회계약론

짤라보는 고전 사회계약론

초판 1쇄 발행 2021년 10월 20일

지은이 시민K
펴낸이 최영민
펴낸곳 헤르몬하우스
기획 시민 K
인쇄 미래피앤피
주소 경기도 파주시 신촌로 16
전화 031-8071-0088
팩스 031-942-8688
전자우편 hermonh@naver.com
등록일자 2015년 3월 27일
등록번호 제406-2015-31호

ISBN 979-11-91188-47-9 (03130)

- 본문 발췌 내용은 홍신문화사의 **고전에서 미래를 읽는다** 시리즈 **〈사회계약론〉**에서 발췌하였습니다.
- 책 값은 뒤 표지에 있습니다.
- 헤르몬하우스는 피앤피북의 임프린트 출판사입니다.

짤/라/보/는 고전

UNIT Ⅰ. 세상의 작동원리에 관한 고찰

짤라보면 정치의 본질이 보인다!

사회계약론

원작 **장 자크 루소**

큐레이션 **시민 K**

145 messages

루소가 말하는 참된 민주주의

혹은, 루소를 통해 본 좋은 정치

HERMONHOUSE

사회계약론에 대한 이해

모든 것은 근원적으로 정치와 관련되어 있다

프랑스 사상가 장 자크 루소(*1712~1778*)의 대표 저술인 〈사회계약론〉(*Du Contrat Social*)은 1762년 네덜란드에서 출간되었다.
〈사회계약론〉은 출간 이후 많은 논란에도 불구하고 전 세계 민주주의 발전의 토대를 마련했다는 평가를 받은 프랑스대혁명의 사상적 바탕이 되었고, 후대에는 근대 정치사상의 고전으로 칭송받게 되었다. 하지만 내용을 면밀히 들여다보면 고도의 추상성과 극도의 난해함에 당혹감을 감추기 어려워지는 것은 사실이다.
게다가 이 저서는 루소가 베니스 주제 대사관에 근무하던 1741년경부터 일생일대의 역작으로 구상했던 〈정치제도론〉의 작업 중 중요한 것들을 발췌해 탄생한 태생적 한계 탓에, 정치제도의 기초 원리들만을 제시했다는 점을 한계로 지적받기도 했다.

루소는 이 책에서 줄곧 '사회계약'과 '일반의지'라는

개념에 근거를 두고 근대민주주의 국가의 모델을 제시하려 노력한다. 그런데 문제는 '사회계약'과 '일반의지'라는 개념이 매우 함축적으로 제시된 데에서 최초 발생한다. 또한 이를 통해 거의 모든 사회제도와 현상, 정치제도를 연역적 추론방식으로 설명했다는 점에서 극에 달한다.

연역적 추론방식을 풀어 설명하자면 이런 식이다.

① 모든 사람은 잘못을 저지르는 수가 있다.

② 모든 지도자도 사람이다.

③ 그러므로 모든 지도자는 잘못을 저지르는 수가 있다

이런 방식이 설득력을 가지려면 ①의 항목이 절대적 신뢰성을 담보해야 한다.

〈사회계약론〉에서 ① 항목에 해당되는 것은 '사회계약'과 '일반의지'이다. 때문에 '사회계약'과 '일반의지'에 대한 절대적 신뢰가 있어야 〈사회계약론〉이 논리적 정당성을 획득할 수 있다. 하지만 이 개념이 매우 함축적으로 제시된 데다가, 모든 사회제도와 정치제도를 규정짓는 근거로 사용하기 때문에, 독자들은 매번 반복해서 전개되는 지난한 추론 과정에서 당혹감을 느낄 수밖에 없는 것이다.

'모든 것은 근원적으로 정치와 관련되어 있다'

그럼에도 불구하고 이 책이 인간의 자유와 존엄, 민주주의 가치를 바로 세우고, 근대민주주의 확립에 혁혁한 기여를 했다는 점을 부정하는 사람은 거의 없다.
그건, 루소의 문제의식에서 비롯된다.
루소의 문제의식은 그의 다른 저서 〈고백록〉에서 밝힌 명제에 여실히 드러나 있다.
'모든 것은 근원적으로 정치와 관련되어 있다'
그런 문제의식을 태동케 한 건 당시 프랑스의 낙후된 정치 현실이다. 그리고 루소의 문제의식은 시궁창 같은 현실에서 벗어나기를 바라는 대중들의 열망과 절묘하게 교집합을 이루었다.

당시 노예처럼 비참한 삶을 살았던 대중들에겐 인간의 존엄과 자유에 대한 정당성이 필요했고, 엄혹한 현실에 대한 비판 근거가 필요했다.
루소는 그 대상으로 정치를 지목했고, 정치가 인간을 억압하고 있다는 이론적 근거의 총화로 사회계약론을 제시한 것이다.
(루소의 의욕이 과도했기 때문인지) 사회계약론의 논리 전개는 모두의 공감을 끌어낼 만큼 포용적이지 못하기도 하고, 때론 무리한 주장처럼 느껴질 정도로 억지스럽기도 하다.
하지만 당시의 현실을 고려해 봤을 때 루소의 선택은 어쩌면 필연적인 것이었고, 그 필연적인 선택은 곧 시대정신이 되었다.
이것이 〈사회계약론〉이 정치사상서의 바이블이 되고, 근대민주주의의 토대가 되며, 프랑스대혁명의 도화선이 될 수 있었던 이유이다.

짤고 시리즈 읽는 법

〈짤라보는 고전〉 시리즈는 어려운 고전을 '짤라' 쉽게 '재해석한' 큐레이션 북이다. 원문이 가지고 있는 서사의 완결성을 양보하는 대신, 원작의 가치와 메시지를 동시대인의 눈높이에 맞추는데 중점을 두고 큐레이션 됐다.

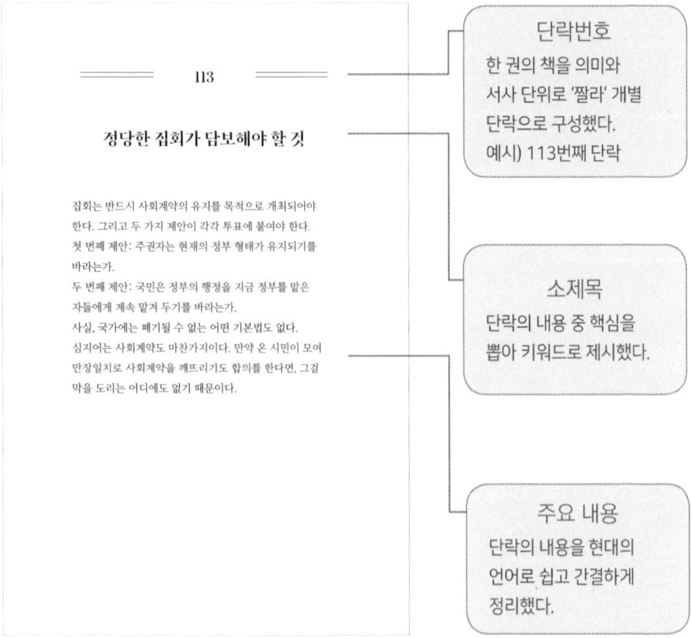

짤고 시리즈 읽는 법

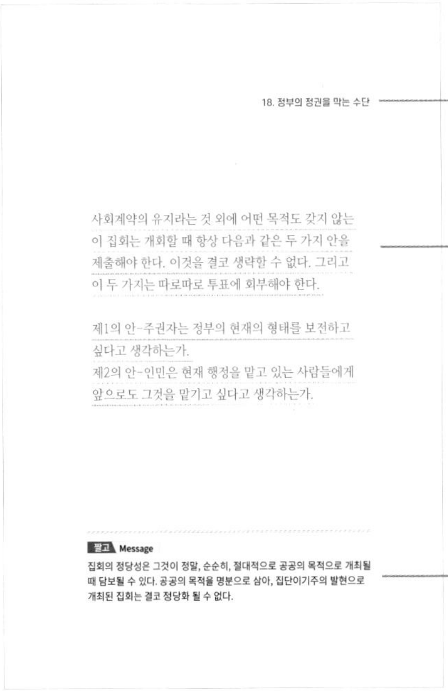

18. 정부의 정권을 막는 수단

사회계약의 유지라는 것 외에 어떤 목적도 갖지 않는 이 집회는 개회할 때 항상 다음과 같은 두 가지 안을 제출해야 한다. 이것을 결코 생략할 수 없다. 그리고 이 두 가지는 따로따로 투표에 회부해야 한다.

제1의 안-주권자는 정부의 현재의 형태를 보전하고 싶다고 생각하는가.
제2의 안-인민은 현재 행정을 맡고 있는 사람들에게 앞으로도 그것을 맡기고 싶다고 생각하는가.

짤고 Message
집회의 정당성은 그것이 정말, 순순히, 절대적으로 공공의 목적으로 개최될 때 담보될 수 있다. 공공의 목적을 명분으로 삼아, 집단이기주의 발현으로 개최된 집회는 결코 정당화 될 수 없다.

편과 장
각각의 편과 장은 원작에 맞춰 동일하게 수록했다.

원문 발췌
원문의 주요 부분을 발췌해 수록했다.

짤고 메시지
고전과 현재의 콘텍스트 (context)를 위해 메시지를 추가했다.

사회계약론을 큐레이션(curation)하며

그러나, 그렇지 않다

생전에 국가에 대한 아버지의 충성심은 대단했다.
공무원이 아니었고 국가에 관련된 일을 하지 않았기 때문에,
아버지의 충성심이 개인적인 이해관계에서 비롯된 것은
아니었을 것이다.
아버지의 신앙고백은 '충효(忠孝)'였고, 당신 삶의 일용할
양식은 '군사부일체(君師父一體)'였다.
나라에 충성하고 부모님께 효도하는 것!
왕과 아버지, 스승을 하나로 여기며 존경하는 것!
왕권제(군주제)와 가부장제를 동일선상에 놓고 맹목적인
충성을 바치는 걸 미덕으로 여기는 유교의 가르침이,
왕권국가의 체제를 유지하는 정서적 근거로 작용했음은,
그의 관심사가 아니었다.
그저 평범한 '백성'이었기에 '나라'와 '나랏일'에 대한
맹목적인 신뢰는, 그에게 사랑하는 가족을 지키는 일처럼
당연한 소임이었다.
이건 비단 아버지에게만 국한된 문제는 아니었다.

헌법에 대한민국이 '민주공화국'이라 명시됐음에도, 국가를 섬겨야 할 대상으로, '왕'과 '백성'의 관계를 주인과 노예의 관계로 여기는 '아버지들의 습속'은 쉽게 바뀌지 않았다.
이 땅의 아버지들에겐 우리나라에 유입된 지 채 100년도 안 된 '민주주의'는 여전히 서양의 불온한 사상일 뿐이었다.
법을 바꿔가면서까지 권력을 연장하던 유신정권에서도,
총칼로 국민들을 탄압하던 엄혹한 군사정부시절에도…,
이 땅의 아버지들은 국가의 주인인 '시민'이 아니라, 왕의 시혜를 받는 '백성'일 뿐이었다.
이런 수많은 아버지들 덕에 위정자들은 민주주의 정치체제 아래에서도 '왕'처럼 '백성'들을 지배하며, 저항하는 '시민'들을 탄압하며, 그들의 권력을 유지할 수 있었다.
하지만, 영속한 권력은 존재하지 않았다.
아버지들은 늙고, 사회적 불평등을 자각한 아이들은 자식에서 시민으로 성장했다. 자각한 시민들이 점차 거리를 점령하고, 자유와 평등을 부르짖는 함성이 부유하는 먼지처럼 사방으로 퍼져나갔다.

우리나라의 민주주의는 그렇게 오늘에 이르렀다.

하지만, 어느 순간부터 민주주의가 낡고 고루한 정치이념으로 인식되기 시작했다. 가상현실을 넘어 메타버스(Metaverse) 시대가 도래한 2021년 대한민국, 이제 누구도 자유와 평등을 화두로 이야기하지 않는다. 민주주의를 더 이상 세상 작동원리의 근간으로 파악하지 않는다.
그러나, 그렇지 않다.
자유와 평등에 기반한 민주주의는 수명이 다해 용도폐기 된 것이 아니라, 공기와 물처럼 일상화 돼 너무나 소중한 것임을 인지하고 체감하지 못하고 있을 뿐이다.

'모든 것은 근원적으로 정치와 관련되어 있다'

루소는 〈사회계약론〉을 통해 인간의 기본권에 대해,
인간의 자유와 평등에 대해, 국가에 대해, 국가의 주인에 대해, 민주주의에 대해, 민주주의의 원리와 가치에 대해 이야기하고 있다.
정치와 사회로부터 필연적으로 발생하는 억압과 불평등은 인간이 감내해야 할 숙명이 아니며,
자유와 평등은 인간이기 때문에 누려야 할 당연한 권리라고 힘주어 말하고 있다.
〈사회계약론〉은 우리가 누리고 있는 자유와 평등이 어디에서 기초하고 무엇에 근거하는지, 그 원리를 제시한다.
'공정'이라는 화두가 시대정신으로 떠오르는 2021년
대한민국.
공정도 결국 인간의 자유롭고 평등할 권리에서 비롯된다는 점을 상기해 본다면, 또한 공정의 진정한 가치가 무엇인지 되새겨보고자 한다면, 〈사회계약론〉을 읽어야 할 이유는 충분하다.

머리말

탄생 비화

이 책은 나의 역량을 고려하지 않고 기획하다, 중도에 포기할 수밖에 없었던 작품의 내용 중에서 간추린 것이다. 이미 작성된 원고 중에 가장 중요하고, 또 발표할 가치가 있는 것을 심사숙고해 추려냈다. 나머지 원고는 이제 사라져 버렸다.

이 소론은 내가 지난날 자기 힘을 측정함 없이 획책하고, 훨씬 전에 내동댕이쳐 버렸던, 더 큰 하나의 작품에서 간추린 것이다. 이미 되어 있는 부분에서 약간의 단편을 뽑아낸다면 다음과 같은 것들이 제일 중요하며, 또 사상에 물물 가치가 가장 적은 것은 아닌 것같이 나로서는 생각된다. 나머지 부분은 이제는 없어져 버렸다.

짤고 Message

<사회계약론>의 탄생 비화.
루소가 일생일대의 역작으로 준비했던 <정치 제도론>의 집필 계획을 포기하고, 요약본의 형태인 <사회계약론>을 집필하며...
만감이 교차하는 심정을 고백하고 있다.

Contents

제3편

제4편

제1편

001

저자의 변

나는 사람과 법률에 대한 객관적인 연구를 통해, 시민 사회에 정당하고 확실한 정치적 법칙이 존재할 수 있는지 살펴보고자 한다. 이 연구에서 정의와 유용성을 동시에 고려하고, 권리라는 이름으로 행해지는 일과 상호 간의 이해관계에서 나오는 일이 분리되지 않도록 노력할 것이다. 누군가는 군주나 입법자도 아닌 내가 정치에 관한 글을 쓰는 게 타당하냐고 물을 수도 있겠지만, 나는 역으로 바로 그 때문에 정치에 대한 글을 쓴다고 대답하겠다. 내가 군주나 입법자라면 응당 해야 할 일을 할 것이지, 이런 일을 하느라 시간을 낭비하지는 않을 것이기 때문이다.

1. 제1편의 주제

나는 인간을 있는 그대로의 것으로서, 또 법률은 있을 있는 것으로서 다루는 경우, 시민 세계의 정당하고 확실한 어떤 정치상의 법칙이 있을 수 있는지 어떤지를 살펴보고 싶다. 나는 정의와 유용성이 결코 분리되지 않도록 하기 위해, 권리가 용납하는 일과 이해가 명령하는 일을 이 연구에서 항상 결합하도록 노력할 것이다.
정치에 관한 글을 쓰니 '당신은 군주인가, 아니면 입법자인가.'하고 묻는 사람이 있을지도 모른다. 나는 대답하리라. '그렇지는 않다. 또 그렇지 않기 때문에 정치에 관해 붓을 드는 것이다.'라고.

짧고 Message

중용과 실용적 가치에 기반해 시민 사회의 정치적 법칙을 세우겠다는 결연한 의지를 드러내는 서문.
혹시 발생할지 모른 집필 자격에 대한 논란을 사전 차단하는 센스가 돋보인다.

002

자유로운 존재 vs. 노예의 삶

인간은 원래 자유로운 존재로 태어났지만 현실은 억압 속에 있다. 다른 사람을 지배하고 있다고 생각하는 사람도 사실은 모두 노예로 살아갈 뿐이다. 왜 이런 일이 생겨났는지 알 수 없다. 하지만 난 자유로운 존재로 태어나 노예로 사는 것이 당연시된 상황을 풀 수 있다고 확신한다.

1. 제1편의 주제

인간은 자유로운 존재로 태어났다. 그럼에도 불구하고 사슬에 얽매여 있다. 자기가 다른 사람들의 주인이라고 생각하고 있는 것 같지만, 사실은 그 사람들 이상으로 노예인 것이다. 어떻게 하여 이런 변화가 생겼을까? 나는 그것을 알지 못한다. 무엇이 그것을 정당화할 수 있을까? 나는 이 문제를 풀 수 있다고 믿는다.

짤고 Message

루소의 결기 넘치는 출사표.
자유의 획득을 통해 인간 해방을 실현하겠다는 각오가 인상적이다.

003

사회질서의 근거, 약속(conventions)

힘의 논리로 보자면, 힘에 의해 누군가에게 복종 당하는 건 어쩔 수 없는 일이다. 하지만 그런 상황을 피할 수 있다면 그것만큼 좋은 일도 없다.

지배자가 자유를 빼앗는 것과 같은 맥락으로 국민이 자유를 되찾을 수 있다면, 그건 누구나 자유를 다시 가질 자격이 있다는 말이거나 아예 지배자가 자유를 빼앗을 자격이 없었다는 말이 된다.

모든 권력의 기초가 되는 사회질서는 자연으로부터 유래하는 것이 아니라, 약속에 근거를 두고 있다.

그러므로 약속이 무슨 의미인지 아는 것이 중요하다.

1. 제1편의 주제

인민은 지배자가 인민의 자유를 빼앗은 것과 같은 권리에 의해 자기 자신의 자유를 회복하는 것이므로 인민은 자유를 되찾는 자격이 주어지거나, 아니면 인민으로부터 자유를 빼앗는 자격은 원래 없었다는 것이 되거나 둘 중의 하나이기 때문이다. 사회질서는 모든 다른 권리의 기초가 되는 신성한 권리이다. 그러나 이 권리는 자연으로부터 유래하는 것은 아니다. 그것은 약속에 입각하는 것이다. 그것을 논하기 전에 나는 지금 한 말을 명확하게 해두어야 한다.

짧고 Message

자유로운 존재로 태어난 인간이 억압받아 신음하는 이유는 자연 상태에서 발생한 것이 아니라 인위적인 것, 즉 약속(conventions) 때문이라는 루소의 주장.
추상적 표현의 끝판왕인 <사회계약론>을 이해하는데 있어 매우 중요한 개념이다. 밑줄 쫘악~ 치고 되새겨 봄 직하다.

004

사회의 원형, 가족

가족은 가장 오래되고 자연 발생적인 사회이다.
하지만 자식들은 자기가 필요할 때 외에는 아버지에게 의존하지 않는다. 이 필요한 기간이 지나면 자연 발생적인 유대관계는 사라진다.
아버지에게 복종할 의무를 다한 자식들과 자식들을 돌볼 의무를 다한 아버지는 동시에 독립 상태로 돌아가게 된다. 혹시라도 결합 상태가 유지된다 하더라도, 자연 발생적인 것이 아니라 자발적 의지에 의한 것이다. 그러므로 가족도 결국 약속에 의해 관계가 유지되는 것이다.

2. 최초의 사회에 대해

모든 사회 속에서 가장 오래되고 또 유일하게 자유로운 것은 가족이라는 사회이다. 그런데 자식들이 아버지에게 결부되어 있는 것은, 자기들을 보존하는 데 아버지가 필요할 때뿐이다. 이 필요성이 사라지자마자 이 자연의 결부는 풀린다. 자식들은 아버지에게 복종하는 의무가 면제되고, 아버지는 자식들을 돌봐줄 의무가 면제되어, 이 양자는 다시 독립하게 된다. 만일 그들이 여전히 결합해 있더라도, 그것은 이미 자연적인 것이 아니라 의지에 입각해서이다. 그러므로 가족 자체도 약속에 의해서 유지되고 있다.

짧고 Message

드라마에서 기업 총수의 일가가 자주 모여 저녁식사를 한다고 해서 자연발생적인 애정이 남다르다고 부러워 할 필요가 없다는 뜻이다. 달리 말하면, 모여야 할 이유가 있다는 말이다.

005

정치사회의 축소판

가족은 정치사회 최초의 모델이다.
아버지가 지배자의 역할이고, 자식들은 국민의 역할이다.
이들은 자유롭고 평등하게 태어났기 때문에 자기 자신에게 이득이 되지 않으면 결코 자유를 양도하지 않는다.
다만 정치사회와 가족의 차이가 있다면, 아버지는 자식에 대한 사랑이 있기 때문에 그것으로 보상을 받고, 지배자는 국민을 사랑하는 마음이 없기 때문에 그 보상을 통치에 대한 기쁨으로 받는다는 점이다.

가족은, 이를테면 정치사회의 최초의 모델이다. 지배자는 아버지에 해당되고, 인민은 자식들에 해당된다. 그리고 양자가 다 같이 평등하고 자유롭게 태어났으므로, 자기 자신에게 보탬이 되는 것이 아니라면 그 자유를 양도하지 않는다. 다만 다른 점은, 가족에게 있어서 자기 자식에 대한 아버지의 보살핌을 보충하는 것은 자식들에 대한 사랑이지만, 국가에 있어서 지배자는 인민에 대해 사랑을 갖지 않으므로 지배하는 기쁨이 이를 대신한다는 점이다.

짤고 Message

'지배하는 기쁨', 즉 통치의 기쁨은 한 번 맛보면 좀체 빠져나오기 힘든 마약과도 같다.
마약에 중독된 통치자들은 그 기쁨을 영위하기 위해 친구, 동지, 가족, 신념, 양심, 국민, 공익... 심지어 국가를 저버리는 일도 마다하지 않는다.

006

힘이 권리가 될 수 없는 이유

아무리 강한 사람도 자신의 힘을 권리로, 자기에 대한 복종을 의무로 바꿀 수는 없다. 또 어떤 사람도 영원히 주인이 될 수 있을 만큼 강할 수는 없다. 강한 자는 자신의 힘을 권리라 여기지만, 그건 폭력이며 물리적인 힘에 불과하다. 물리적인 힘은 인간의 마음까지 제어하지는 못한다.

다시 말해, 어쩔 수 없이 폭력에 굴복할 수는 있지만 그건 의지에 따른 행위는 아니며, 그렇기 때문에 복종은 절대 의무일 수 없다.

3. 가장 강한 자일지라도

아무리 강한 사람이라 하더라도 자기에 대한 복종을 의무로 바꾸지 않는 한, 영원히 주인일 수 있을 만큼 강한 것은 아니다. 여기서 가장 강한 자의 권리라는 것이 문제가 되는데, 이 권리는 언뜻 보기엔 조롱하는 듯이 보이지만, 실제로는 원리로서 확립되어 있는 것이다. 그러나 이 말은 영원히 설명이 불가능한 것일까? 폭력은 하나의 물리적인 힘이다. 그 작용에서 결과적으로 어떤 도덕적인 것이 생길 수 있을지 나로서는 알 수가 없다. 폭력에 굴복하는 것은 어쩔 수 없는 행위지만, 의지에 따른 행위는 아니다.

짧고 Message

대한민국의 어떤 통치자는 유신헌법으로, 또 다른 통치자는 계엄법과 호헌조치로 자신의 힘을 권리로 승화시켜 복종을 강요했지만, 결코 국민의 마음을 얻지 못했다. 그들이 비참한 말로를 맞이한 이유이다.

007

부당한 권력에 복종하지 않을 권리

권력에 복종하라는 말이 힘에 굴복하라는 의미라면, 그건 말이 아니라 막걸리다. 만약 숲속에서 총을 든 강도를 만나면 지갑을 빼앗길 순 있겠지만, 지갑을 숨길 수 있는데도 순순히 내어 줄 의무는 없다. 총은 하나의 권력일 수 있겠지만, 정당한 권력이 아니기 때문에 복종할 의무는 어디에도 없다.

권력자에게 복종하라는 말이 만일 '힘에 굴복하라'는 의미라면 그 교훈은 좋지만, 부질없는 것이다. 그 교훈을 어기는 것 같은 일이 절대 생기지 않는다는 것을 내가 보증한다. 만일 내가 숲속에서 강도의 습격을 받았다면, 힘 때문에 지갑을 내주어야 할 뿐 아니라, 지갑을 감출 기회가 있을 때도 양심적으로 지갑을 내줄 의무가 있는 것일까? 왜냐하면 결국 그가 가지고 있는 권총 역시 하나의 권력이기 때문이다. 그러니 힘은 권력을 낳지 않으며, 또 사람들은 정당한 권리 이외의 것에는 복종할 의무가 없다는 것을 인정하자.

짧고 Message

1987년, 전두환 씨는 국민들의 민주화 요구를 거부하고 자신의 권력을 연장하기 위해 4.13 호헌조치를 단행했다. 하지만 같은 해 시민들은 6.10 민주항쟁을 통해 '부당한 권력에 복종하지 않을 권리'를 행사하며 대통령 직선제를 이끌어냈다.

008

왕에게 자유를 양도할 수 없는 이유

개인이 자신의 자유를 양도해 누군가의 노예가 되는 것처럼,
그로티우스는 국민들도 그들 전체의 자유를 양도해 왕의
백성이 될 수 있다고 주장한다.
하지만 양도한다는 말은 주거나 파는 일인데, 노예가 된다는
것은 자기를 주는 것이 아니라 생존을 위해 자기를 파는
행위를 말하기 때문에 논리 자체가 성립되지 않는다.
도대체 무엇을 위해 자기를 판다는 말인가?
왕은 백성들에게 먹고살 것을 주기는커녕 백성들로부터
자기가 먹고살 것을 챙기기만 하는 존재이다.
그러므로, 그로티우스의 주장은 백성들이 자기 재산을
빼앗기기 위해 자신의 자유를 왕에게 판다는 말이 된다.
이게 어디 말이나 되는 소리인가!

4. 노예 상태에 대해

어떤 개인이 자기의 자유를 양도하고 스스로 어떤 주인의 노예가 될 수 있다면, 어찌하여 인민 전체가 그 자유를 양도하여 신민이 될 수 없겠느냐고 그로티우스는 말하고 있다. 그러나 양도한다는 말만을 고찰해 보자. 양도한다는 것은, 주거나 또는 판다는 뜻이다. 그런데 다른 사람의 노예가 되는 인간은 자기 자신을 주는 것이 아니라, 적어도 자기 자신의 생활 수단을 얻기 위해 자기 자신을 파는 것이다.

짧고 Message

왕의 통치 근거와 권위를 옹호하는 그로티우스에 대한 루소의 반박 논리. 통치 권력에 대한 근본적인 불신이 느껴진다.

009

왕권, 혹은 광기

어떤 인간도 아무런 대가 없이 자기의 몸을 다른 사람에게 양도하지 않는다. 그건 상상도 할 수 없는 일이고, 미치광이 짓이다. 하물며 그런 논리를 국민 전체에 적용하는 건 국민을 미치광이로 만드는 일이다.
그런 광기를 통해서는 어떤 권리도 만들어지지 않는다.

한 인간이 아무런 대가도 없이 자기 몸을 다른 사람에게 양도한다는 것은 너무도 어이없는 일이므로, 그것은 상상이 불가능하다. 그 같은 행위는 사려분별을 잃은 그저 광적인 행위인 것이다. 그와 똑같은 일을 인민 전체에 관해 말하는 것은, 인민을 미치광이로 간주하는 일이다. 그런데 광기에서는 어떤 권리도 생겨나지 않는다.

짧고 Message

통치 권력에 대한 더 크고, 더 과격한 부정.
"광기에서는 어떤 권리도 생겨나지 않는다."

010

자신을 양도할 수 없는 다른 이유

백 번 양보해 개인이 자신을 양도할 수는 있다 쳐도,
자유로운 몸으로 태어난 자기 자식들을 양도할 수는 없다.
그들의 자유는 그들의 것이기 때문에 그들 외에는 아무도
자유를 처분할 권리가 없다.
자식들의 행복을 위해 합리적 판단을 할 수 있는 나이가
될 때까지 아버지가 여러 조건들을 대신 정할 수는 있지만,
조건 없이 그들을 내줄 수는 없다. 그건 아버지로서의
권리를 넘어서는 일이다.

설령 각자가 자기 자신을 남에게 양도한다 하더라도, 자기 자식들까지 양도하지는 못한다. 아이들은 인간으로서, 또 자유로운 존재로서 태어난다. 그들의 자유는 그들의 것이며, 그들 이외의 누구도 그것을 자기 마음대로 처분할 권리를 갖지 못한다. 자식들이 이상적인 연령에 도달할 때까지 아버지는 그들을 대신하여 그들의 생존과 행복을 위해 여러 가지 조건을 마련할 수는 있다. 그러나 돌이킬 수 없는 방법으로 무조건 그들을 남에게 넘겨 버리지는 못한다. 왜냐하면 그런 증여는 자연의 목적에 어긋나며, 아버지로서의 권리를 넘어선 것이기 때문이다.

짤고 Message

자유를 양도하는 일이 결코 자신의 인생만 포기하는 것이 아니라, 자식의 자유까지 양도하는 것이라는 루소의 주장.
우리가 절대로 자유를 양도할 수 없는 또 다른 이유이다.

011

자유는 인간이기 위한 조건

자신의 자유를 내놓는다는 건, 인간의 자격, 인간의 권리, 인간의 의무를 내려놓는 일이다. 달리 말해 모든 걸 내놓는 것이며, 그런 이들에겐 어떤 보상도 있을 수 없다.
인간의 의지에서 자유를 모조리 빼앗는다는 건, 인간의 행동에서 도덕성을 모조리 빼앗는 것이다.

자기 자신의 자유의 포기, 즉 인간으로서의 자격과 인류의 권리와 의무마저 포기하는 사람에겐 어떤 보상도 주어지지 않는다. 이 같은 포기는 인간의 본성과 서로 용납하지 않는다. 그리고 의지로부터 자유를 완전히 빼앗아 버리는 것은, 행위로부터 도덕성을 완전히 빼앗아 버리는 일이다.

짧고 Message

타인, 그러니까 권력자에게 자유를 양도할 수 없는 또 다른 이유.
"자유를 내놓는 자는 인간이기를 포기한 것이다."

012

전쟁에서 적은 개인이 아닌 국가

그로티우스와 몇몇 사람들은 노예제도의 근거를 전쟁에서 찾아낸다. 그들은 이긴 자는 진 자를 죽일 권리가 있고, 진 자는 자유를 포기하는 대가로 자기 목숨을 되살 수 있기 때문에 양쪽에 다 이득이 되는 '정당한 약속'이라는 논리를 피력한다.

하지만 전쟁이라는 건 사람과 사람 사이에서 벌어지는 일이 아니다. 개인들은 인간도, 시민도 아닌 군인으로 어쩔 수 없이 적이 되는 것이다.

다시 말해 조국의 구성원으로서가 아니라, 조국을 지키는 기능으로서 서로의 적이 되는 것이다. 때문에 국가가 적으로 삼을 수 있는 것은 국가뿐이며, 사람들을 적으로 삼을 수는 없다.

그로티우스와 그 밖의 사람들은 노예권이라는 것의 또 다른 기원을 전쟁에서 끌어낸다. 그들에 의하면, 이긴 자는 진 자를 죽일 권리를 가지고 있으므로, 진 자는 자유를 대가로 하여 자기 생명을 도로 사들일 수 있다. 즉 이것은 어느 쪽에도 이득이 되므로, 더욱 정당한 약속이라는 것이다.

전쟁은 사람과의 관계가 아닌 국가와 국가와의 관계이며, 거기에서 개인은 인간으로서가 아니고, 시민으로서도 아니며, 다만 병사로서 우연히 적이 되는 것이다. 조국의 구성원으로서가 아니라 조국을 지키는 자로서 서로 적이 되고 있는 것이다.

짤고 Message

고로, 전시에도 인간의 자유는 결코 억압될 수 없다는 말씀.

013

어쨌건, 노예 관계는 부당

혹시라도 전쟁에서 승자가 패자를 죽일 권리를 인정한다 치더라도, 전쟁에서 노예가 된 국민들은 이긴 자가 강요하는 것 외에는 복종할 의무가 없다.
또한, 생명 대신 자유를 빼앗는다고 해서 이긴 자가 그 생명을 완전히 자유롭게 해 준 것은 아니다.
양자 사이에는 전쟁에 버금가는 폭력적인 상태가 여전히 진행되고 있으며, 그들 사이의 관계가 그 결과이자 증명이다. 이 관계가 지속되는 한 전쟁 상태는 계속되고 있다는 것을 의미한다.
따라서 노예에 대한 권리란 어떤 상태에서도 부당할 뿐만 아니라, 불법이며 무효일 수밖에 없는 것이다.

이긴 자가 생명의 대가로 자유를 빼앗는 것은 은혜를 베푸는 것이 아니다. 무익하게 진 자를 죽이는 대신 유익하게 죽인 것이다. 따라서 이긴 자는 패배한 자에 대해 힘 이외의 어떤 권리도 얻은 것이 아니며, 뿐만 아니라 그들 사이에는 이전과 마찬가지로 전쟁상태가 계속되고 있고, 그들의 관계 자체가 그 효과인 것이다. 전쟁의 권리를 행사하고 있는 한, 어떤 평화조약도 상정되지 않는다. 그들은 하나의 약속을 맺었다고 말한다. 그럴지도 모른다. 그러나 그 약속은 전쟁상태를 없애기는커녕 전쟁상태의 지속을 상정하고 있는 것이다. 이렇게 사물을 어떤 방향으로 생각해 보더라도 노예에 대한 권리는 무효한 것이다.

짧고 Message

말하자면 어떤 상태에서든 노예 관계는 부당하고, 불법이며, 무효라는 것이다.

014

억압하는 일과 다스리는 일

다수를 억압하는 일과 사회를 다스리는 일은 하늘과 땅 차이이다. 만약 사람들이 차례대로 한 사람의 노예가 된다고 가정해보자. 거기에는 한 명의 주인과 노예들만 있지, 노예라는 공동체도, 그것을 대표하는 사람도 있을 수 없다. 다시 말해 하나의 집합(aggregation)이지, 결합(association)은 아니다. 거기에는 공공 재산도 정치집단도 없다.

누군가가 세상 사람의 절반을 노예로 삼았다 치더라도, 그건 대표자가 아니라 여전히 한 개인에 불과하다. 다른 사람들의 보편적인 이해관계와 동떨어진 그만의 이해관계는 여전히 사사로운 이해관계에 불과하기 때문이다.

다수자를 억누르는 일과, 하나의 사회를 다스리는 일 사이에는 항상 큰 차이가 있게 마련이다. 뿔뿔이 흩어져 있는 사람들이 잇따라 한 인간의 노예가 되어 간다고 치고, 그들이 몇 명이든 나는 거기에서 한 사람의 국민과 노예들밖에 보지 못한다. 인민과 그 지도자도 보이지 않는다. 그것은 집합이라고 할 수 있지만, 결합은 아니다. 거기에는 공공의 재산도 없고, 정치체도 없는 것이다. 이 '주인이 되는' 인간이 설령 세계의 절반을 노예화한다고 하더라도 역시 하나의 사사로운 인간에 지나지 않는다. 그의 이해는 다른 사람들의 이해에서 동떨어져 있으므로 역시 개인적인 이해일 따름이다.

짧고 Message

그렇다. 지배와 다스림 사이에는 넘어설 수 없는 간극이 있다.

015

국민을 국민답게

그로티우스는 한 국민은 한 왕에게 증여될 수 있다고 말한다. 하지만 한 국민은 한 왕에게 주어지기 전에도, 이미 국가의 구성원인 국민이기 때문에 증여 자체가 공적인 의결을 전제로 할 수밖에 없다. 따라서 국민이 왕을 뽑는 방법을 살펴보기 전에 국민이 국민답게 되는 방법부터 살펴보는 것이 필요하다. 왜냐하면 이것은 왕을 뽑는 일에 우선하는 것이며 사회의 밑바탕이 되는 중요한 행위이기 때문이다.

인민은 자기를 왕에게 바칠 수 있다고 그로티우스는 말한다. 때문에 그로티우스에 따르면, 인민은 자기를 왕에게 바치기 이전에 이미 인민인 셈이다. 이 증여 행위 자체가 시민으로서의 행위인 것이다. 그것은 공중의 의결을 전제로 하고 있다. 때문에 인민이 그것에 의해 왕을 선택하는 행위를 조사하는 것이 좋을 것이다. 왜냐하면 이 행위는 필연적으로 왕을 선택하는 행위에 우선하는 것이며, 이것이야말로 사회의 진정한 기초가 되기 때문이다.

짧고 Message

'○○답다'는 말은 ○○으로서 권리와 의무, 역할을 다해 ○○으로서 자격이 있다는 말이다.
선생다운 선생, 의사다운 의사, 법률가다운 법률가, 사장다운 사장이 흔치 않은 걸 보면, 국민다운 국민이 되는 것도 결코 쉬운 일만은 아닐 것이다.

016

다수결의 법칙

미리 약속하지 않았다면, 만장일치가 아닌 투표 결과에 따라야 할 의무는 어디에도 없다. 자신에게 주인이 필요하다고 생각하는 사람이 백 명이라고 해서, 자신에게 주인이 필요없다고 생각하는 열 명을 대신해 의결할 권리는 어디에도 없기 때문이다.

결국 다수결의 법칙은 약속의 소산이어서, 적어도 한 번은 전원의 의결이 일치했음을 전제로 하고 있는 것이다.

만일 먼저 있어야 할 약속이 되어 있지 않다면, 선거가 만장일치가 아닌 한, 소수자는 다수자의 선택에 따라야 한다는 의무는 대체 어디에 있는 것일까? 주인을 갖고 싶어 하는 백 명의 사람들이, 주인 따위는 없어도 된다는 열 명의 사람들을 대신하여 표결할 권리는 대체 어디에서 나오는 것일까? 다수결의 법칙은 약속에 의해 정해진 것이며, 또 적어도 한 번만은 만장일치가 있었음을 전제로 하는 것이다.

짤고 Message

"다수결의 법칙은 약속의 소산이어서, 적어도 한 번은 전원의 의결이 일치했음을 전제로 하고 있다"는 말은 <사회계약론>에서 가장 중요한 개념 중 하나인 (뒤에 나오는) '일반의지'를 이해하는데 매우 중요한 개념이다.

017

생존을 위한 선택

나는 사람들이 자연상태에서 더는 살아가기 힘든 상태에 도달했다고 판단한다. 때문에 원시상태는 이제 존속될 수 없는 것이고, 인류는 존재 방식을 바꾸지 않으면 멸망할 수밖에 없는 상황에 놓이게 됐다.
하지만 자연상태의 인간은 새로운 힘을 만들어 낼 능력은 없기 때문에, 자기 보존을 위해서는 서로 힘을 합쳐 하나의 목표를 향해 움직여야 하고, 일치된 결과를 끌어내야 한다.

나는 '사람들은 자연상태에서 생존하는 일을 방해하는 여러 가지 장해가 그 저항력에 의해, 각 개인이 자연상태에 머무르기 위하여 사용할 수 있는 힘을 극복하기에 이르는 지점에까지 도달했다'고 상정한다. 그때는 이 자연상태는 이미 존속할 수 없게 된다. 그리고 인류는 만일 생존 방법을 바꾸지 않으면 망할 것이다. 그런데 인간은 새로운 힘을 산출하지는 못하고, 단지 이미 있는 힘을 결합하고 방향 지을 수 있을 뿐이므로, 생존하기 위해 취할 수 있는 수단이란, 집합함으로써 저항을 이겨낼 수 있는 힘의 총화를 만들어 내어 그것을 유일한 원동력으로 삼고 일률적으로 움직이게 하는 일 이외에는 이제 아무것도 없다.

짧고 Message

'사회계약'이 등장해야만 하는 이유.

018

인간을 인간답게 만드는 사회계약

힘의 총화는 다수의 협력으로 생겨난다.
그런데 힘과 자유는 각자에게 가장 중요한 요소이기 때문에
웬만해선 구속하기도 힘들고 구속받고 싶어 하지도 않는다.
때문에 나는 이런 주제를 도출할 수 있게 된다.
'각 구성원의 몸과 재산을 공동의 힘으로 지키고 보호하는
결합의 형식을 찾되, 이전과 마찬가지로 자유로울 것.'
인간에게 가장 중요한 이 질문의 해결책은 바로
'사회계약'이다.

이 힘의 총화는 많은 사람들의 협력에 의해서밖에 생기지 못한다. 그런데 각자의 힘과 자유는 생존을 위한 중요한 수단이고 보면, 사람들은 자신을 해치는 일 없이, 또 자기 자신에 대한 배려의 의무를 게을리하는 일 없이 어떻게 힘과 자유를 구속할 수 있을까? 나의 주제로 되돌아가서 생각하면, 이 어려움은 다음과 같은 말로 표현할 수 있다.
'각 구성원의 몸과 재산을 공동의 힘으로 지키고 보호하는 결합의 한 형식을 찾아낼 것. 이전과 마찬가지로 자유로울 것.'
이것이야말로 근본적인 문제이고, 사회계약이 그것에 일종의 해결책을 준다.

짧고 Message

두두둥~ 드디어 등장하는 사회계약.

019

같은 조건의 양도

이 조항들은 단 하나의 결론으로 모아진다. 각자가 자신의 모든 권리를 공동체 전체에 양도하는 것이다. 모든 걸 양도하면 모든 사람들의 조건은 같아지며, 조건이 같은 이상 그 누구도 남의 조건에 관심을 갖지 않는다.

이 여러 조항은 바르게 이해하면 모든 것이 다음의 유일한 조항에 귀착한다. 즉 각 구성원들이 그 모든 권리와 함께 자신을 공동체 전체에 전면적으로 양도한다는 것이다. 왜냐하면 각자가 자기 자신을 고스란히 양도해 버리면 모든 사람들의 조건은 같아지며, 또 모든 사람들은 조건이 같은 이상 어느 누구도 남의 조건을 무겁게 하는 일에 관심을 갖지 않을 것이기 때문이다.

짧고 Message

'모든 걸 공동체에 양도하고, 그 공동체 안에서 모든 사람이 동일한 조건과 목표를 갖고 살아간다는 것.'
얼핏 보면 종교적 신념처럼 이상적으로만 느껴지지만, 그것이 정치철학 최고의 고전으로 칭송받는 이유이기도 하다.

020

가치의 시너지 효과

다시 말해 개인의 모든 걸(*자유와 힘*) 모든 사람에게 주면서도, 사실상 아무에게도 주지 않는 것이다. 가치의 공유인 셈인데, 그렇게 되면 모든 사람이 자신이 내놓은 자유와 힘에 대해 같은 권리를 갖기 때문에, 최소한 자신이 내놓은 것과 같거나, 모이고 합쳐져서 더 큰 힘을 얻게 된다. 사회계약의 원리를 핵심만 간추려 얘기하면 다음과 같다. '자신의 몸을 포함한 모든 힘을 공동의 것으로 둔다. 그 공동의 것은 일반의지의 관리 아래 둔다. 그래서 우리 각각의 구성원이 전체에서 분리할 수 없는 존재임을, 모두 받아들인다.'

요컨대 각자는 자기 자신을 모든 사람들에게 양도하고, 그러면서도 누구에게도 자기를 양도하지 않는다. 그리고 자기가 양도하는 것과 같은 권리를 받지 않는 어떤 구성원도 존재하지 않으므로, 사람을 잃는 모든 것과 동등한 가치의 것을 손에 넣고, 또 소유하고 있는 것을 보존하기 위한 보다 많은 힘을 손에 넣는다. 그것은 다음과 같은 말에 귀착한다는 것을 알 수 있을 것이다.
'우리들 각자는 몸과 모든 힘을 공동의 것으로서 일반의지의 최고의 지도하에 둔다. 그리고 우리는 각 구성원을 전체의 불가분의 일부로서, 일괄로서 받아들이는 것이다.'

짧고 Message

알쓸개정(알아두면 쓸데없는 개념 정리) Ⅰ.
개인의 개별적 의지를 '특수의지', 그 물리적인 총합을 '전체의지', 사회계약으로 성립되는 국가의 단일한 의지를 '일반의지'라 한다.

021

알쓸개정 Ⅱ

이렇게 사람들의 단합으로 이뤄진 공적인 인격체를 예전에는 '도시국가'라 불렀지만, 지금은 '공화국'이나 '정치집단'이라 부른다. 소속한 사람들이 수동적인 입장일 때는 '국가'라고 부르지만, 능동적인 입장일 때는 '주권자'라고 부르며, 비슷한 것들과 비교할 때는 '나라'라고 부른다.

구성원들의 영역에서 보면 '국민'은 전체를 지칭하고, '시민'은 주권 참여자를 의미하며, '백성'은 국가 법률에 따르는 자를 의미한다.

이와 같이 모든 사람들의 결합에 의해 형성되는 이 공적인 인격은, 지난날에는 도시국가(Cité)라는 이름을 갖고 있었지만 지금은 공화국(République) 또는 정치체(corps politique)라는 이름을 가지고 있다. 그것은 수동적으로는 구성원으로부터 국가(Etat)라고 불리고, 능동적으로는 주권자(Souverain)라 불리며, 동일한 종류의 것과 비교할 때에는 권력체(Puissance)라 불린다. 구성원에 관해 말하면, 집합적으로는 인민(peuple)이라는 이름을 갖지만, 개체로 주권에 참가하는 것으로서는 시민(Citoyens), 국가의 법률에 복종하는 것으로서는 신민(Sujets)이라고 불린다.

짤고 Message

알쓸개정(알아두면 쓸데없는 개념 정리) II.
알아두면 폼이 좀 날 뿐 아니라, 이 책을 이해하는데 큰 도움이 된다.

022

공공, 혹은 자기 자신과의 약속

결합 행위에서 개개인은 공공과의 약속과 더불어 자기 자신과 계약하고 있는 이중 관계로 얽매여 있다. 즉, 개개인은 '주권자*(공공의 정치집단)*'의 구성원으로, '주권자' 내에서는 국가의 구성원으로 약속하고 있는 것이다. 보통 자기 자신과 한 약속은 지킬 필요가 없다는 말은 여기에 적용될 수 없다. 자기 자신에 대한 의무와 자기가 구성원으로 속한 전체에 대한 의무는 큰 차이가 있기 때문이다.

결합 행위는 공공과 개개인 사이의 상호약속을 포함하는 일과 또 각 개인은 이를테면 자기 자신과 계약하고 있으므로, 이중의 관계로서 – 개개인에 대해서는 주권자의 구성원으로서, 주권자에 대해서는 국가의 구성원으로서–약속하고 있는 일이다. 그러나 누구도 자기 자신과 맺은 약속에는 책임이 없다는 민법의 규칙은 여기서는 적용될 수 없다. 왜냐하면 자기 자신에 대해 의무를 짊어지는 일과, 자기가 그 일부분을 이루고 있는 전체에 대해 의무를 짊어지고 있는 일 사이에는 아주 큰 차이가 있기 때문이다.

짤고 Message

예전 사회 교과서에 자주 나오는 말. "자유에는 책임이 따른다"와 "권리는 공공의 의무를 다할 때 비로소 완성된다" 따위와 같은 맥락으로 이해하면 된다.

023

완전무결한 시스템

주권자는 개인으로만 구성되어 있기 때문에, 개인들의 이해관계에 어긋나는 이익을 갖고 있지도, 가질 수도 없다. 따라서 주권자는 백성들에게 어떤 보장도 할 필요가 없다. 그건 단체가 개개인을 해치는 게 시스템적으로 불가능하고, 그렇기 때문에 주권자는 그 존재만으로도 주권자로서 가져야 할 모든 것을 갖추고 있다는 말이 된다.

7. 주권자에 대해

주권자는 그것을 구성하고 있는 개인으로만 이루어지는 것이므로, 그들의 이익에 어긋나는 이익을 가지고 있지도 않고, 또 가지지도 못한다. 따라서 주권자의 권력은 신민에 대해서는 어떤 보증도 필요로 하지 않는다. 왜냐하면 정치체가 그 모든 구성원을 해치기를 원하는 것에 대해서는 불가능하기 때문이다. 그리고 단체가 개개인으로서의 어떤 구성원도 해치지 못한다는 것은 후에 설명하고자 한다. 주권자는 그것이 존재한다는 이유만으로 주권자로서 가져야 할 모든 것을 항상 갖추고 있는 것이다.

짧고 Message

자신을 공공에게 양도해 탄생한 결합체인 주권자. 구성원 전체에게 양도했기 때문에 역으로 구성원 중 누구도 양도한 것은 아닌 아이러니한 상황 때문에, 주권자는 개인에게 해를 가할 수 없는 완벽한 시스템이라는 말씀.

024

자유를 위한 약속

사회계약에는 개인이 공공에 절대적으로 복종하겠다는 약속이 암암리에 포함되어 있다.
이건 사회계약이 원활하게 작동하기 위해 반드시 필요한 일이다.
개인은 모든 억압으로부터 보호받기 위해 시민*(개인의 권한)*을 조국에 바치기 때문에, 공공을 움직이는 정치기관이나, 시민 상호 간의 약속에 대한 합법화 따위는 결국 개인을 모든 억압으로부터 보호하기 위한 일인 것이다.
고로, 이런 공공에 것들에 대한 복종은 결국 개인의 자유를 위한 일이 되는 것이다.

따라서 이 계약은, 사회계약이 공허한 법규가 되는 것을 방지하기 위해 누구든지 일반의지에서 복종을 거부하는 자는 모든 단체에 의해 그것에 복종하도록 강제된다는 약속을 암암리에 내포하고 있다. 이것은 시민은 자유롭게 되도록 강제한다는 일 이외의 어떤 일도 의미하고 있지 않다. 왜냐하면, 그런 일이야말로 각 시민을 조국에 바치게 함으로써 그를 모든 개인적 종속에서 보호하는 조건이고, 정치기구의 구성과 운영을 빚어내는 조건이며, 시민으로서의 여러 가지 약속을 합법적인 것으로 하는 유일한 조건이기 때문이다.

짧고 Message

자유를 위해 공공에게 개인을 위탁했으므로, 결국 공공의 자유를 위한 공공의 의지인 '일반의지'에 복종해야 자신의 자유가 수호될 수 있고, 공공이 정상적으로 작동할 수 있다는 논리.
역시, 추상적 논리전개의 끝판왕답다.

025

본능적 인간에서 이성적 인간으로

자연상태에서 시민상태로 전환되면서 인간은 괄목할 만한 변화를 겪게 된다. 사람의 행실은 본능에서 정의로 바뀌고, 전에 없던 도덕성이 생겨난다. 의무가 육체의 충동을 대체하고, 권리가 욕망을 대체한다. 때문에 자신밖에 모르던 사람이 원칙에 비추어 행동하고, 자신의 욕망이나 기호보다 이성적 판단에 따라 행동할 수밖에 없게 된다.

8. 사회상태에 대해

자연상태에서 사회상태에의 추이는 인간 속에 매우 주목할 만한 변화를 가져온다. 인간의 행위에 이어 본능을 정의에 의해 바꿔 놓고, 지금까지 결핍되어 있던 도덕성을 그 행동에 주는 것이다. 그때 비로소 의무의 목소리가 육체의 충동과 교대하여 권리가 욕망과 교대하고, 인간은 그때까지는 자기 일만을 생각하고 있었으나 이제는 다른 원리에 의해 움직이며, 자기 자신의 기호에 묻기 전에 이성에 거론할 수밖에 없도록 되어 있는 것을 깨닫는다.

짧고 Message

소위 말하는 인간다운 인간. 비로소 그게 시작된다는 것이다.

026

인간의 조건

사회계약을 통해 인간이 잃게 되는 것은 통제되지 않는 타고난 자유와 그가 욕망하는 모든 것에 대한 무분별한 권리이다. 반대로 인간이 얻게 되는 것은 시민으로서의 자유와 그에 대한 소유권이다.
이 엇갈린 셈법을 잘 이해하기 위해서는, 타고난 자유를 일반의지에 의해 제한받는 시민의 자유와 구별해야 한다. 또한 폭력이나 먼저 선점해 가지고 있던 것에 불과한 점유(possession)와 법률상의 권리로 성립되는 소유권(propriété)을 명확하게 구별하는 것이 필요하다.

사회계약에 의해 인간이 잃는 것은 그의 자연적 자유와 그의 마음을 끌면서도 그가 입수할 수 있는 모든 것에 대한 무제한의 권리이며, 인간이 획득하는 것은 시민적 자유와 그가 가지고 있는 모든 것에 대한 소유권이다. 이 벌충에 관해 그릇된 판단을 내리지 않기 위해서는 개개인의 힘 이외에 제한을 갖지 않는 자연적 자유를, 일반의지에 의해 제약되고 있는 시민적 자유에서 명확하게 구별하는 것이 필요하다. 그리고 최초에 자리한 자의 권리, 즉 선점권이나 또는 폭력의 결과인 점유를, 법률상의 권리 없이는 성립될 수 없는 소유권에서 명확하게 구별하는 것이 필요하다.

짧고 Message

인간다운 삶을 위한 조건. 자유와 방종을 구별하고, 합법적 소유와 불법적 점유를 구별할 것.

027

공공 소유의 힘

개개인은 공동체를 이루는 순간부터, 재산을 포함해 자신의 힘 등 모든 것을 공동체에 그대로 내준다. 하지만 주인이 바뀐다고 해서 개개인이 공공에 양도한 것의 성질은 변하지 않을 뿐만 아니라, 소유가 바뀌지도 않는다.
다만 공공의 힘이 개인보다 훨씬 더 크기 때문에, 개개인으로부터 양도받아 공적으로 점유한 것은 더 강한 힘을 갖게 된다.

공동체가 형성된 순간에 자기를 공동체에 양도한다. 즉 자기 자신과 자기가 가지고 있는 재산까지도 포함한 자기의 모든 힘을, 그때 실제로 있는 그대로의 상태로 양도한다. 이 행위에 점유는 소유자가 바뀜으로써 성질이 변하는 일도 없고, 주권자의 수중에서 소유가 되는 일도 없다. 그러나 도시국가의 힘은 개인의 힘과는 비교가 되지 않을 만큼 크므로, 공공에 의한 점유 또한 사실상 매우 움직이기 어려운 것이다.

짤고 Message

남보다 싸게 사고 비싸게 팔아 이익을 남기려는 주식투자자의 목적과 상반되지만, 이해를 돕는 차원에서 그냥 던져보자면...
'개개인이 기업에 투자한 돈은 공적 영역에서 시너지를 발휘해 개개인에게 더 큰 수익을 안겨준다. 주식시장의 힘은 일개 투자자의 힘과는 비교가 되지 않을 만큼 크므로...'

028

내 것이 아닌 것에 대한 태도

사람은 태어나면서부터 자신에게 필요한 것에 대한 권리를 갖고 있다. 하지만 어떤 재산을 소유하려고 적극적으로 노력하는 순간 공동체에서 내몰릴 수밖에 없다.
자기 몫이 정해지면 그것으로 만족하고 공동체에 다른 권리를 요구해선 안 된다. 자연상태에서 별 의미 없게 받아들여지던 선점유권이 모든 시민에게 유의미하게 받아들여지는 게 이 때문이다. 여기서 중요한 것은 남이 무얼 가졌는지가 아니라, 자신이 갖고 있지 않은 것에 대한, 있는 그대로의 인정과 존중이다.

사람은 누구든지 선천적으로 자기에게 필요한 모든 것에 대한 권리를 가지고 있다. 그러나 그를 어떤 재산의 소유자가 되게 하는 적극적 행위가 그를 나머지의 모든 것으로부터 몰아낸다.
그의 몫이 정해진 이상, 그는 그것으로 만족해야 한다. 공동체의 재산에 대해서는 이제 아무 권리도 없는 것이다. 자연상태에 있어 매우 약하던 선점권이 모든 시민에게 존중할 만한 것이 되는 것은 이상과 같은 이유 때문이다. 이 권리에 있어 우리가 존중하는 것은 타인에게 속하는 것이라기보다는, 차라리 자기에게 속하지 않은 것이다.

짧고 Message

공공재가 원래 그런 것이다. 자신한테 필요한 걸 가질 권리는 인정되지만, 그 외의 것은 공공의 몫으로 인정하는 것. 보태자면 타인이 뭘 가졌는지 신경 끄라는 것 정도.

029

토지를 선점유하는 방법

어떤 땅에 대해 선점유권을 정당화하는 데는 다음 조건들이 필요하다.

첫째, 그 땅에 사는 사람이 아무도 없을 것.

둘째, 생존에 필요한 넓이만 차지할 것.

셋째, 괜한 허튼수작 부리지 말고 땀 흘려 농사지어 차지할 것.

그중 세 번째가 가장 중요하다. 신성한 노동이야말로 법적 권리가 없어도 타인에게 존중받아 마땅한 유일한 소유의 표시이기 때문이다.

일반적으로 어떤 토지에 대한 선점권을 정당한 것이 되게 하기 위해서는 다음과 같은 여러 조건이 필요하다. 첫째, 그 토지에 이미 살고 있는 자가 아무도 없어야 한다. 둘째, 생존하기 위해 필요한 넓이의 토지만을 점거해야 한다. 셋째, 공허한 형식이 아니라 노동과 경작에 의해 점유해야 한다. 왜냐하면 이 세 번째야말로 소유의 유일한 특징이며, 법률상의 권한이 없는 경우에도 타인이 존중을 받을 만한 것이기 때문이다.

짧고 Message

혹시라도 주인 없는 땅을 발견했다면, 루소의 주장을 따라해보자. 변호사를 선임해 법적 소유권을 가지려 애쓰지 말고, 상추라도 심어서 열심히 키우다 보면 다른 사람들이 땅 주인으로 인정해주게 될지도 모르니 말이다.

030

평등의 세상으로

모든 사회조직의 근거로 작용한 한 가지를 지적하고 이 장과 이 편을 마치겠다. 이 기본 계약은 타고나면서 가지고 있는 평등할 권리를 파괴하는 것이 아니라, 타고나면서부터 가지고 있을 수밖에 없는 육체적 불평등을 대신에 도덕적이고 합법적인 평등으로 바꾸어주는 것이다. 또한 이 계약은 신체적으로나 정신적으로 열등해 불평등할 수도 있는 사람들을, 약속에 의해 정당한 권리를 가지고 모두 평등해지게 만든다는 사실이다.

나는 모든 사회조직의 기초로서 도움이 될, 분명한 일을 한마디 말하고, 본장 및 본편을 매듭짓고자 한다. 이 기본계약은 자연적 평등을 파괴하는 것이 아니라, 반대로 자연적으로 인간 사이에 존재가 가능한 육체적 불평등 대신에 도덕상·법률상의 평등으로 바꿔 놓는 것이라는 점과, 또 인간은 체력과 정신에 있어서 불평등일 수 있지만 약속에 의해, 또 권리에 의해 모두 평등하게 된다는 것이다.

짤고 Message

Amen.

제2편

031

사회 존립의 근거, 일반의지

앞에서 밝혀진 것 중 가장 중요한 사실은 일반의지만이 국가를 만든 목적, 다시 말해 공공의 행복에 따라 국가를 다스려 나갈 수 있다는 점이다.
개인들의 이해관계의 대립이 사회의 설립을 필요로 했지만, 사회의 설립을 가능하게 한 것은 서로 다른 이해의 일치이기 때문이다. 사회관계를 만들어 내는 것은 서로 다른 이해관계들 속에 존재하는 공통점이며, 그런 공통점이 없다면 어떤 사회도 존재할 수 없게 된다.

전편에서 명백해진 여러 원칙에서 첫째로 생기는 그리고 가장 중요한 결과는 국가를 만든 목적, 즉 공공의 행복에 따라 국가의 여러 가지 힘을 지도할 수 있는 것은 일반의지뿐이라는 사실이다. 왜냐하면 개개인의 이해의 대립이 사회의 설립을 필요로 했다면, 그 설립을 가능하게 한 것은 이 같은 개개인의 이해의 일치이기 때문이다. 그런 여러 가지 이해 속에 있는 공통적인 것이야 말로 사회의 굴레를 형성하는 것이다.

짧고 Message

개개인의 이해관계 일치가 일반의지이고, 이것의 총화가 국가이다. 하지만 지배자들에 의해 개별의지가 일반의지인 양 호도될 경우, 국가 정체성은 위험에 빠지기도 한다.
'큰 나라를 섬겨 국가의 안위를 꾀하는 것'을 일반의지인 양 호도해 국론으로 중국을 섬긴 조선 시대가 좋은 예이다.
아쉽게도, 우리 역사에 이런 경우가 태반이다.

032

일반의지의 행사, 주권

그러므로 나는 주장한다.
"주권이란 일반의지를 행사하는 것이므로 결코 양도될 수 없는 것이며, 주권자란 그 자체가 집합적인 존재이기 때문에 존재 자체 외에는 대표될 수 있는 것이 없다."
그렇기 때문에 권력은 양도될 수 있어도, 의지는 넘길 수 있는 성질의 것이 아니기 때문에, 절대 양도할 수 없다.

그러므로 나는 말한다. "주권이란 바로 일반의지의 행사이므로 절대로 양도할 수 없으며 또 주권자란 바로 집합적 존재이므로, 이 집합적 존재 자체에 의해서밖에 대표될 수 없다."고. 권력은 양도될 수도 있을 것이다. 그러나 의지는 그렇게 할 수 없다.

짤고 Message

정부기관 등에서 투표를 독려할 때 "소중한 주권을 행사해 달라"고 호소한다.
루소의 주장에 따르면 주권은 일반의지를 말과 힘으로 옮기는 행위이고, 일반의지는 개개인 모두가 자유롭고 행복하기 위한 공동의 의지 정도가 된다. 그러므로 투표는 개개인 모두가 자유롭고 행복하기 위해 말과 힘을 하나의 행동으로 표현하는 것이다.
선거가 중요하고, 투표할 때 심사숙고해야 하는 이유이다.

033

양도될 수도, 나눠질 수도 없는 주권

주권은 양도될 수 없는 것과 같은 이유로 나눠질 수도 없다. 왜냐하면 의지는 일반적 의지 아니면 개인적 의지인데, 일반적 의지만이 주권으로 인정되기 때문이다. 때문에 일반적인 의자가 표명되면 그것은 하나의 주권 행위로서 법률의 효력을 갖게 된다. 하지만 후자의 경우는 하나의 개인 의지이거나 행정 기관의 행위, 즉 법령에 불과하다.

2. 주권은 분할할 수 없는 것

주권은 양도될 수가 없다는 이유로 주권은 분할할 수 없다. 왜냐하면 의지는 일반적이거나 그렇지 않거나 간에 그것은 인민 전체의 의지이거나 혹은 일부분의 의지일 뿐이기 때문이다. 전자의 경우에는 이 의지의 표명은 주권의 한 행위이며 법률이 된다. 후자의 경우에는 특수의지이거나 행정기관의 하나의 행위에 지나지 않으며, 그것은 고작해야 하나의 법령에 지나지 않는다.

짤고 Message

본질은 쪼개지지 않는 것과 같은 이치다.
본질은 그저 본질이거나 본질이 아니거나 그뿐이다.

034

주권으로 포장된 다양한 권리

정치학자들은, 주권은 본질적으로 나눌 수 없기 때문에 현상적으로, 혹은 대상에 따라 주권을 분리한다. 힘과 의지로, 입법권과 행정권으로, 과세권*(세금을 부과하는 권한)*·사법권·교전권*(전쟁의 권리)*으로, 국내 행정권과 대외 조약 체결권으로 주권을 나누고 있는 것이다. 정치학자들은 '주권자'를 갖다 붙여서 이것을 합쳤다가 떼어 놓았다가를 반복한다.

2. 주권은 분할할 수 없는 것

우리나라의 정치학자들은 주권을 그 원리에 있어 분할할 수가 없으므로, 그 대상에 있어 분할하고 있다. 그들은 주권을 힘과 의지로, 입법권과 집행권으로, 과세권·사법권·교전권으로, 국내 행정권과 외국과의 조약 체결권으로 분할하고 있다. 때로는 이 부분을 혼동하고, 또 때로는 이것들의 여러 가지 부분을 긁어모아서 만들어진 가공의 존재로 간주하고 있다.

짧고 Message

주권은 본질적으로 양도할 수도 분할할 수도 없다.
그럼에도 불구하고 정치학자들은 주권을 그럴듯한 이름표를 달아 다양한 이름의 권한들로 끊임없이 변이시킨다.
그렇다고 분노할 필요는 없다.
원래, 학자들이 하는 일이라는 게 다 그런 것이다.

035

주권과 주권이 아닌 것

이러한 잘못은 주권에 대한 본질적인 개념을 잘못 이해하고, 주권의 파생되는 결과물에 지나지 않는 것을 주권의 일부라고 오해한 데서 온 결과이다.
예컨대 다른 나라에 대해 선전포고를 하는 행위나 강화 조약을 맺는 행위는 주권의 일부로 여겨졌지만, 사실 그렇지 않다. 이런 행위는 법률 자체가 아니라, 단지 법률의 적용에 불과하며, 법률을 어떻게 적용해야 하는가를 결정하는 특수한 행위이기 때문이다.

이 같은 오류는 주권에 관한 정확한 개념이 만들어져 있지 않은 데서, 또 주권에서만 비롯되는 것을 주권의 일부라고 잘못 생각한 데서 생긴다. 그래서 예컨대 선전과 강화의 행위는 주권의 행위로 간주되고 있었다. 그러나 그것은 잘못된 생각이다. 왜냐하면 이전 행위의 어느 것도 법률이 아니라 법률의 하나의 적용에 지나지 않으며, 법률을 어떻게 적용해야 하는가를 결정하는 특수한 행위이기 때문이다.

짤고 Message

중요한 개념이므로 다시 한 번 강조!
주권과 주권이 아닌 것, 본질과 본질에서 파생되는 것을 명확하게 구분해 이해할 것. 본질에서 파생되는 것이 본질인 척 오도되며 본질로 간주되는 순간, 인간의 자유를 억압하는 착취의 사슬은 영원히 끊을 수 없는 족쇄로 남을 것이기 때문이다.

036

일반의지를 해치는 요소

앞선 논리에 따르면 일반의지는 늘 공익만을 추구하게 된다. 하지만 국민의 의결이 늘 공정하다고 결론지을 순 없다. 국민이 충분한 정보를 가지고 있고, 사전에 몇몇 시민이 어떤 사적인 이익 관계에 의해 담합하지 않는다면, 수많은 미세한 차이들은 있겠지만, 공익을 추구하는 본질적 성격 때문에 공정한 결과가 나올 수밖에 없다. 하지만, 뜻을 같이하는 이들이 집합이나 단체를 만들어 국가를 희생양으로 만들면, 이런 단체들의 의지는 그 구성원 사이에서는 일반의지가 되지만, 국가에 관해서는 특수의지가 되고 만다.

위의 말에서 일반의지는 항상 바르고 항상 공공의 이익을 지향한다고 결론지을 수 있다. 그러나 인민의 결의가 항상 동일한 정당성을 지닌다고는 결론지을 수 없다.
인민이 정보를 충분히 가지고 심의할 때, 만일 사전에 어떤 편파적인 이익과 담합하지 않는다면 그 결의는 항상 좋은 것임에 틀림없다. 그러나 도당이나 부분적 단체가 큰 단체를 희생양으로 만들어진다면, 이런 단체의 각각의 의지는 그 구성원에 관해서는 일반의지가 되지만, 국가에 관해서는 특수의지가 된다.

짧고 Message

시대를 초월한 사회의 고질적인 악, 집단 이기주의의 출현.
늘 국가와 국민을 위한 일이라는 명분을 내세우지만, 결국 자기들이 속한 집단의 이익만을 추구하는 정당, 협회, 조합 등이 다 이와 무관하지 않다.

037

위험한 집단의 힘

이런 집단들이 출현하면 이미 개개인의 의견이 아니라 집단의 의견만 남는다고 말할 수 있다. 의견 차이의 수는 적어지고 소수의 일반적 결과만 남게 된다. 그리고 결국에 이런 집단 중 하나의 힘이 커져서 모든 다른 집단을 압도하는 상황이 발생하게 되면, 그때 나오는 결과는 일반의지가 아니라 특수의지가 되고 만다.

그 경우에는 이미 사람들의 수만큼의 투표자가 있는 것이 아니라, 단체의 수만큼의 투표자가 있을 뿐이라고 말할 수 있다. 의견 차이의 수는 보다 적어지고, 보다 적게 일반적인 결과를 가져온다. 마침내는 이런 단체의 하나가 매우 커져서 모든 다른 단체를 압도하게 되면, 그 결과는 이미 여러 가지 약간의 차이의 총화가 아닌, 단 하나뿐인 차이가 된다. 그렇게 되면 이젠 일반의지는 존재하지 않고, 또 우세를 차지하는 의견은 특수의지일 뿐이다.

짧고 Message

기형적으로 큰 힘을 가진 세력을 항상 경계해야 하는 이유이다.

038

일반의지의 정상적인 작동을 위해

일반의지가 제대로 작동하기 위해서는 시민들이 자신의 생각을 제대로 말할 수 있어야 하고, 국가 안에 개별적인 집단들이 없어야 한다.

그리스 신화에 등장하는 트라키아의 왕인 리쿠르고스는 그런 국가를 실현시켰다. 하지만. 개별적인 집단이 존재한다면 전설적인 정치가인 솔론(*Solon*), 누마(*Pompilius Numa*), 세르비우스(*Servius*)가 말한 것처럼 그 집단의 수를 늘려 불평등이 발생하는 것을 미리 막아야 한다.

일반의지가 제대로 작동해 국민이 승리하는 사회를 위해 반드시 명심해야 할 사안이다.

때문에 일반의지가 충분히 표명되기 위해서는 국가 내부에 부분적 사회가 존재하지 않고, 각각의 시민이 자기 자신의 의견만을 말하는 것이 중요하다. 위대한 리쿠르고스의 독특하고 숭고한 제도는 바로 이것이었다. 만일 부분적 사회가 존재한다면, 솔론과 누마와 세르비우스가 했던 것처럼 이 수를 증가시켜 그 사이에 생기는 불평등을 방지해야 한다. 이런 신중성만이 일반의지를 항상 명백하게 하고, 인민이 스스로를 속이지 않기 위해 유효한 것이다.

짤고 Message

양당제보다 다당제가 타당하다는 논리와 일맥상통한다.

039

주권의 성립 조건

국가나 도시가 구성원의 결합에 의해 생명력을 갖는 일종의 정신적인 인격이라면, 그래서 가장 중요한 원칙이 구성원에 대한 자기 보존이라면, 국가는 각 부분을 전체의 시스템에 맞춰 움직일 수 있게 만드는 보편적이고 강제적인 힘이 있어야 한다. 그리고 그 힘이 일반의지에 의해 작동할 경우, 주권이라 불리게 된다.

만일 국가 또는 도시국가가 바로 정신적인 인격이고 그 생명이 구성원의 결합 속에 성립된다면, 또 국가의 배려 중에서 제일 중요한 것은 자기 보존의 배려라고 한다면, 국가는 각 부분을 전체에게 가장 편리하도록 움직이고 배치하기 위해 보편적이며 강제적인 힘을 가져야 한다.

이 힘이야말로 일반의지에 의해 지도되는 경우, 이미 말한 바와 같이 주권이라고 일컬어지게 되는 것이다.

짤고 Message

다시 한번 반복되는 주권의 정의.
“주권은 모두를 위해 행사되는 보편적이고 강제적인 힘이다.”
그만큼 중요한 개념이라는 역설이기도 하다.

040

사회계약에 따르는 의무

개개인이 사회계약에 의해 내놓는 권력과 재산, 자유는 모두 공동체의 이익을 위해 쓰인다는 점을 인정해야 하지만, 그 필요성을 판단하는 것이 '주권자'라는 사실도 인정해야 한다.
시민은 주권자가 요구하는 일은 즉시 행해야 할 의무가 있다. 그러나 주권자는 공동체의 이익과 무관한 어떠한 행위도 요구할 수 없으며, 그러기를 바랄 수도 없다. 자연의 법칙과 마찬가지로 이성의 법칙 아래에서도 원인 없이 아무것도 요구할 수 없기 때문이다.

사회계약에 의해 각자가 양도하는 능력·재산·자유는 모두 그 사용이 공동체로서 불가결한 전체의 부분에 한정된다는 것은 인정하고 있다. 그렇지만 어느 정도 불가결한가를 결정하는 것은 주권자뿐이라는 사실도 또한 인정해야 한다.
시민은 주권자가 요구하면 그가 국가에 할 수 있는 최대한의 봉사를 즉시 제공해야 할 의무가 있다. 그러나 주권자 측에서도 공동체로서 불필요한 부담은 결코 신민에게 부과하지 못하다. 아니, 그런 일은 생각할 수조차 없다. 왜냐하면, 이성의 법칙 아래 있어서도 자연법칙이 경우와 마찬가지로 원인이 없이는 어떠한 일도 일어나지 않기 때문이다.

짧고 Message

당연한 이치다. 모든 권리에는 의무가 수반될 수밖에 없다.

041

모두를 위한 정의, 일반의지

우리를 사회라는 것으로 묶어내는 이 약속은, 남을 위해 힘쓰면, 곧 자기를 위해 힘쓰는 것이 된다는 성질에 기반한다.
때문에 상호적이면서도 구속력을 가질 수 있게 된다.
사람들은 모두를 위해 투표를 하면서도 자기 자신만을 생각하고, 모두가 저마다의 행복을 바라는 존재이기 때문에, 결국 일반의지는 늘 옳을 수밖에 없다는 논리가 정당화될 수 있다.
권리의 평등과 정의의 개념은, 결국 자기 자신만을 생각하는 인간의 본성에서 비롯된 것이다.
일반의지가 정말 일반적인 것이 되려면 본질에 있어서 일반적인 것처럼, 대상에 있어서도 일반적이어야 한다.
결국 일반의지는 모든 사람에게 출발해서 모든 사람에게 적용되어야 하는 것이다.

우리를 사회체에 결부시키고 있는 약속은, 이 약속이 상호적이기 때문에 구속적인 것이다. 그리고 그 약속은 우리가 그것을 수행함으로써 남을 위해 일하면, 반드시 또 자기 자신을 위해서도 일하는 것이 될 수밖에 없다고 하는 성질의 것이다. 왜 일반의지가 항상 옳으며, 또 왜 모든 사람들이 저마다 개개인의 행복을 항상 원하는가? 무릇 사람인 이상 저마다의 개개인이라는 말을 자기 일이라 생각하고, 또 전부를 위해 투표하는 경우에도 자기 자신을 생각하지 않을 수 없기 때문이 아닐까?

짧고 Message

가끔 루소의 논리 전개는 인내심의 한계를 느끼게 할 정도로 추상적이다.
그래도 정리하자면, 일반의지란...
이를테면, 모든 이를 무릎 꿇게 만드는 절대반지 같은 것이라는 말씀 정도.

042

모두의 평등을 위한 사회계약

사회계약은 시민들 사이에 평등을 확립한다. 시민들은 모두 같은 조건으로 약속을 하고, 모두 같은 권리를 누리게 된다. 이것이 계약의 본질이다. 모든 주권 행위, 즉 일반의지의 모든 행위는 모든 '시민'들에게 똑같이 의무를 지우거나 혜택을 주게 된다.

사회계약은 시민 사이의 평등을 확립하고, 그래서 시민은 모두 같은 조건으로 서로 약속을 하며, 또 모두 같은 권리를 즐기게 된다. 그러므로 계약의 성질상 주권의 모든 행위, 즉 모든 일반의지의 정당한 행위는 모든 시민을 평등하게 의무 지우거나 혹은 혜택을 준다.

짧고 Message

성별, 계층, 계급, 부, 명예, 능력과 상관없이 모두가 평등할 수 있는 세상. 이것이 루소가 꿈꾸는 세상이고, 그걸 작동케 하는 사회 시스템이 바로 사회계약이라는 것이다.

043

주권은 자기 자신의 의지에 복종하는 것

그렇다면 주권 행위란 본질적으로 무엇을 말하는가?
그건 윗사람과 아랫사람과의 약속이 아니라,
집단과 각 성원 하나하나의 약속이다.
그 약속은 사회계약을 토대로 하기 때문에 합법적이고,
모두에게 동일하게 적용되기 때문에 공정하며, 모두의
행복을 대상으로 하기 때문에 유익하다. 또한 공권력과 최고
권력이 보장하기 때문에 지속 가능하고 안정적이다.
국민들이 이 약속을 따르기만 한다면, 아무에게도 복종하지
않고 오직 자기 자신의 의지에만 복종하게 되는 것이다.

그럼 주권의 행위란 본래 무엇일까? 그것은 상위자와 하위자와의 약속이 아닌 정치체와 구성원 각자와의 합법적인 약속이다. 그것은 일반적인 행복만을 대상으로 삼기 때문이다. 또한 흔들림 없는 약속이다. 왜냐하면 공공의 힘과 최고의 권력을 보증하기 때문이다. 신민이 이 같은 약속에만 따르는 한, 그들은 누구에게도 복종하지 않고 자기 자신의 의지에만 복종할 수 있는 것이다.

짤고 Message

프랑스 혁명의 사상적 바탕인 <사회계약론>의 핵심 논리.
"주권은 아무에게도 복종하지 않고 오직 자기 자신의 의지에만 복종하게 되는 권리이다."

044

삶과 죽음에 관한 공적 판단

사회계약은 계약 당사자들의 생명 보전을 목적으로 한다. 목적을 바라는 자는 당연히 수단도 바라게 마련인데 수단에는 약간의 위험과 손해가 뒤따르게 마련이다. 타인의 희생을 통해 자기 생명을 보존하려고 하는 자는, 반대로 필요할 때 남들을 위해 자기 생명을 내놓아야 한다. 그런데 '시민'은 자신과 타인이 위험을 무릅쓸지를 판단하는 사람은 아니어서 통치자가 자신에게 "당신이 죽는 것이 국가에 이롭다."라고 말할 때 죽어야 한다.

사회계약은 계약 당사자의 생명 보존을 목적으로 한다. 목적을 원하는 자는 또한 수단도 원한다. 그리고 이런 수단은 약간의 위험과 약간의 손해가 뒤따르게 마련이다. 남을 희생시키면서 자기 자신의 생명을 보존하려고 하는 사람은, 필요한 경우에 또 남을 위해 자신의 생명을 내던져야 한다. 그런데 시민은 법에 의해 위험을 무릅쓰기를 요구받았을 때, 그 위험에 관해 언급하지는 못한다. 그리고 통치자가 시민을 향해 "네가 죽는 것이 국가에 도움이 된다."고 말할 때, 시민은 죽어야 한다.

짧고 Message

'통치자가 죽으라고 하면 시민은 죽어야 한다.'는 대목에서 화들짝 놀랄 필요는 없다. 사형제도 비슷한 거라고 보면 된다.

045

살인자에 대한 입장

사형도 거의 같은 관점에서 설명할 수 있다.
살인자가 죽어도 좋다고 암묵적으로 동의하는 것은 살인자의 희생자가 되지 않기 위해서이다.
또한 사회적 권리를 해치는 악인은 그 죄악 때문에 조국에 대해 반역자가 된 것이고, 조국의 법을 어김으로써 스스로 그 일원이기를 그만두고, 조국의 적이 되는 것이다. 이런 상황에 이르면 조국의 보전과 악인의 보전은 양립할 수 없는 것이 되어 어느 한쪽이 없어질 수밖에 없다.
따라서 죄인에게 사형을 내리는 것은 시민의 생명을 빼앗는 것이 아니라 적의 생명을 빼앗는 일이 된다.

범죄자에게 부과되는 사형도 거의 같은 관점으로 고찰될 수 있다. 살인한 사람에게 사형선고를 내리도록 승낙한 것은 우리가 그와 같은 살인자에게 희생되지 않기 위해서인 것이다.
그리고 사회적 권리를 침해하는 악인은 모두 그 범죄 때문에 조국에의 반역자, 배신자가 되는 것이다.
국가의 보존과 그 자신의 보존은 양립할 수 없는 것이 된다. 두 가지 중 하나가 멸망해야 한다. 그리고 죄인을 사형에 처하는 것은 시민으로서보다는 오히려 적으로서다.

짧고 Message

결론적으로, 사람의 목숨을 좌우하는 것은 법의 영역이 된다. 법이 바로 서야 하는 이유이다.

046

정치집단의 활동 근거, 법

시민은 사회계약에 의해 일상의 삶과 생명을 정치집단에게 내주었다. 이제 입법으로 정치집단이 활동할 수 있도록 힘을 부여해야 한다. 왜냐하면 이 정치집단을 생겨나게 하는 행위 자체에는 그것이 스스로 움직일 수 있는 근거는 아무것도 결정되지 않은 상태이기 때문이다.

이성을 통해서 생겨나는 보편적 정의라는 것이 있지만, 정의는 상호적이어야 한다. 권리는 의무와 함께 고려돼야 하고, 정의가 제대로 작동하려면 협약과 법률이 있어야 한다.

6. 법에 대해

사회계약에 의해 우리는 존재와 생명을 정치체에 부여했다. 이제 입법에 의해 정치체에 운동과 의지를 부여하는 일이 문제이다. 왜냐하면 정치체를 만들고 결합하는 이 최초의 행위는, 정치체가 스스로를 보존하기 위해 해야 할 일에 관해서는 아직 아무것도 결정하지 않기 때문이다.
권리를 위무에 결부시키고, 또 정의를 그 본래의 대상에 되돌아가게 하기 위해서는 약속과 법률이 반드시 있어야만 한다.

짤고 Message

막무가내 싸움꾼들의 주요 스킬은 '법대로 해'이다. 법의 빈틈을 잘 알기 때문에 나온 말일 진데, 반대로 생각해보면 법이 제대로 서야 할 이유이기도 하다.

047

법의 범주

온 국민이 자신들을 대상으로 법을 규정할 때는 자기 자신의 문제밖에 생각하지 않는다. 그래서 어떤 다양한 결론이 도출되더라도 그건 관점의 차이에서 발생하는 것이지, 전체의 기조가 흔들린다는 의미는 아니다. 또 법이 적용되는 대상도 법을 규정하는 의지처럼 일반적인데, 내가 법이라고 부르는 것이 바로 이것이다.
법률의 대상이 언제나 일반적이라는 건, 법이 백성들을 한 덩어리로 보고 행위도 일반적인 잣대로 판단하는 것이지, 개개인을 떨어뜨려 보지 않는다는 의미이다. 그래서 법은 특권들이 있도록 규정할 수는 있어도, 그 누구를 특정해서 그 특권을 줄 수는 없다. 법은 '시민'의 여러 '계급'을 만들 수 있고, 그 계급에 속할 자격을 정할 수는 있지만, 거기에 들어가도록 지명할 수는 없다. 왕정과 세습을 정할 수는 있어도, 왕을 뽑을 수도 왕가를 지명할 수도 없다.

전 인민이 그들 전체를 대상으로 법을 규정할 경우에는 오직 인민 자신의 문제만을 생각하게 된다. 그리고 그때 어떤 관계가 형성되더라도 그것은 대상 전체에 대한 관점의 차이에서 생기는 것이지 결코 전체에 어떤 분열이 있다는 것은 아니다. 그 경우 법이 적용되는 대상도 법을 규정하는 의지와 마찬가지로 일반적이다. 내가 법이라고 부르는 것은 이 행위인 것이다.

법의 대상은 항상 일반적이라고 내가 말하는 경우, 그 의미는 법은 신민들을 한몸으로 하고, 또 행위를 일반적인 것으로서 생각하는 것이며, 결코 인간을 개인으로서 생각하는 것은 아니다.

짧고 Message

법의 원리만 따진다면, 법은 만민 앞에 평등하다.
단지, 법의 원리만 따진다면...

048

법은 일반의지의 행위

법을 만드는 일이 누구에게 속하는 것인지 물어볼 필요도 없다. 법은 '일반의지'의 실천적 '행위'에 속하기 때문이다. 군주가 법을 따라야 하는지 물어볼 필요도 없다. 군주도 국가의 일원이기 때문이다.
법이 부당할 수 있냐고 물어볼 필요도 없다. 아무도 자기 자신에 대해 부당할 수 없기 때문이다.
사람이 자유로우면서 어떻게 법에 복종할 수 있냐고 물어볼 필요도 없다. 법이란 우리들의 의지의 기록에 지나지 않기 때문이다.

6. 법에 대해

법이 일반의지의 행위에 속하는 이상 입법의 권한은 누구의 직분이냐고 묻고, 군주도 국가의 일원인 이상 법을 초월할 수 있느냐 그렇지 않느냐고 묻고, 누구든지 자기 자신에 대해 부정하는 일이 없는 이상 법이 부정할 수 있느냐 그렇지 않느냐고 묻고, 또 법이 우리들의 의지를 기록한 것인 이상 우리가 자유로우면서 법을 따르고 있는 것은 무엇 때문이냐고 묻는 따위의 일은 이제는 불필요하다는 것이다.

짧고 Message

묻고, 또 물으며 라임을 맞추는 루소의 언어 감각이 인상적이다. 하지만 더 인상적인 건 군주도 국가의 일원인 이상 법을 초월할 수 없다고 지적한 대목. 우리나라 군주들이 임기를 마치지 못하고 탄핵 되거나 줄줄이 감옥에 가는 것도 다 이 대목에 근거한 것이다.

049

법이 지배하는 국가, 공화국

법이 의지와 대상에서 보편성을 갖고 있기 때문에 누구든 한 사람이 독단적으로 명령하는 것은 법이 아니다. '주권자'의 명령도 그건 법이 아니라 명령이고, 주권 행위가 아니라 행정 행위이다.

따라서 행정의 형태가 뭐든 간에 법률에 의해 지배되는 국가는 다 '공화국'이라 부른다. 왜냐하면 법이 지배해야만 공공이 우선시 되고, 공공의 이익이 보장될 수 있기 때문이다.

법은 의지의 보편성과 대상의 보편성을 하나로 하고 있는 이상, 누구든 한 인간이 자기만이 권력으로 명령한 일은 법이 아니라는 것을 알 수 있다. 주권자조차 개별적 대상에 따라 명령한 일은 이미 법이 아니라 명령이며, 주권자의 행위가 아닌 행정기관의 행위임을 알 수 있다.
그래서 나는 법에 의해 다스려지는 국가는, 행정의 형식이 어떤 것이든 모두 공화국이라 부른다. 왜냐하면 국가가 법에 따라 다스려질 때에만 공공의 이익이 우선하며, 공공의 일이 경시되지 않기 때문이다.

짧고 Message

대한민국의 헌법 제1조

1. 대한민국은 민주공화국이다.
2. 대한민국의 주권은 국민에게 있고, 모든 권력은 국민으로부터 나온다.

050

입법자의 역할

입법자는 실로 위대한 능력을 가지고 있어야 한다.
입법자는 사람들이 본래 타고나면서 가지고 있는 힘을 제거하고, 대신 남의 도움 없이는 쓸 수 없는 힘을 주어야 한다. 이때 타고난 힘의 양을 작게 할수록 새로 얻을 힘은 더 크고 오래 가며, 제도 역시 더욱 굳고 단단해진다.
입법자가 입법을 통해 얻어진 공통의 힘이 개인이 타고난 힘들을 모두 합친 것과 같거나 그보다 커지면, 입법은 드디어 완전한 힘을 갖게 된다.

한마디로 말하면 입법자는 인간에게서 그 자신에게 지금까지 없었던 힘, 다른 사람들의 도움을 빌리지 않고서는 사용할 수 없는 힘을 주어야 하는 것이다. 자연에 의해 주어진 이 같은 힘이 죽어서 무(無)로 되는 정도에 따라 새로 얻은 힘은 더욱더 크고 영속적인 것이 되며, 그 제도 또한 더욱더 확실하고 완전한 것이 된다.

짧고 Message

대충만 봐도 입법자는 매우 중요한 역할임에 틀림없다.

051

입법자에게 요구되는 조건

입법자는 국가에서 가장 비범한 사람이다. 선천적으로 뛰어난 재능을 가져야 하지만, 직무 능력 역시 뛰어나야 한다. 그의 일은 행정직도 아니지만, 그렇다고 주권도 아니다.
공화국을 만드는 이 직무는 공화국의 헌법에도 들어 있지 않다. 인간 세상과 무관한 특수하고 뛰어난 직책이다.
왜냐하면 사람들을 지배하는 자가 법을 지배해서는 안 되는 것처럼, 법을 지배하는 자가 사람을 지배해서는 안 되기 때문이다.

입법자는 모든 점에서 국가에 있어 뛰어난 사람이다. 그는 그 재능에 의해 뛰어나야 하지만, 그 직무에 의해서도 역시 그렇다. 그의 직무는 행정권도 아니고 주권도 아니다. 공화국을 만드는 이 직무는 그 헌법에는 포함되지 않는다. 그것은 인간 시계와는 조금도 공통점이 없는 특별하고 우월한 기능이다. 왜냐하면, 만일 사람들을 지배하는 자가 법을 지배해서는 안 된다면, 법을 지배하는 자 역시 사람들을 지배해서는 안 되기 때문이다.

짤고 Message

이 정도면 거의 마술사나 슈퍼맨의 조건과 별반 다르지 않다.
참고로, 우리나라의 입법기관은 국회이고 입법자는 국회의원이다.

052

신의 대변인, 입법자

입법자들에게 필요한 이성은 대중들의 능력을 넘어서는 것이다. 인간의 지혜로는 도저히 설득이 불가능한 일들을, 마치 도저히 거부할 수 없는 신의 명령인 것처럼 이끌어 가야 하기 때문이다. 그런데 마치 신의 대변자인 것처럼 남을 믿게 만드는 일은 결코 아무나 할 수 있는 일이 아니다. 자신의 위대한 영혼을 통해 그 기적을 증명하는 것도 입법자의 사명이다.

이 숭고한 이성은 보통 사람들의 손에 닿지 못하는 곳에 있지만, 입법자는 그 이성의 결정의 불사의 것(신들)의 입에서 나온 것처럼 하여, 인간이 사려에 의해서는 움직일 수 없는 사람들을 신의 권위에 의해 끌어갔던 것이다. 그러나 신이 말하게 하거나, 자기는 신의 대변자라고 하여 선언하여 믿게 하는 것은 어느 누구나 할 수 있는 일은 아니다. 입법자가 지니는 위대한 영혼이야말로 그의 사명을 증명해야 할 진정한 기적이다.

짧고 Message

"신이 말하게 하거나, 자기는 신의 대변자라고 하여 선언하여 믿게 하는 것"
가장 신뢰할 수 없는 직업 중의 하나로 정치인이 빠지지 않는 건 현대 정치인들만의 문제는 아니었나보다.
결국, 그렇게 사기꾼 비스무리한 운명을 타고난 존재가 정치인이라는 것인데, 반대로 생각해보면 그만큼 중요한 위치라는 반증이기도 하다.

053

입법자가 고려해야 할 것

좋은 건축가가 큰 건물을 세우기 전에 땅이 건물을 지탱할 수 있을지 이모저모를 살피는 것처럼, 현명한 입법자는 훌륭한 법률을 만드는 것보다 국민이 그 법률을 받아들일 수 있는지를 먼저 검토한다. 플라톤은 아르카디아 국민과 키레나이 국민은 너무 부유해 평등을 받아들일 수 없다고 판단했고, 결국 그들에게 법률을 마련해주길 거부했다.

8. 인민에 대해

건축가가 큰 건물을 세우기 전에 토지를 관찰하거나 정보를 수집하여, 그것이 무게를 견딜 수 있을지 어떨지를 살피는 것처럼, 현명한 입법자는 그 자체로서는 나무랄 데 없는 법률을 작성하는 일부터 시작하는 것이 아니라, 인민이 그 법률을 받아들이는 데 적합한지 어떤지를 검토한다. 플라톤이 아르카디아 인과 키레나이 인들에게 법률을 주는데 거부하는 것은 이 때문인데, 그는 이 두 인민이 부유하여 평등성을 받아들이지 않음을 알고 있었던 것이다.

짧고 Message

훌륭한 법도 그것을 받아들이는 사람에게 적합해야 한다는 논리.
일단은... 타당하다.

054

국민의 비루한 습성

좋은 법률을 절대 받아들일 수 없을 것 같은 국민들도 번영을 누린 경우는 무수히 많다. 좋은 법률을 받아들인 국민들은 전체 존속한 기간에 비하면 아주 짧은 기간만 번영을 누렸다.

국민은 인간의 삶과 마찬가지로 젊었을 때만 순하고 늙으면 다루기가 힘들어진다. 관습이 굳어지면 편견들이 단단하게 뿌리를 박는 것처럼, 그것을 고치기는 매우 힘들고 위험하다.

국민이란 의사만 봐도 겁먹는 어리석은 환자들과 비슷해서, 고통을 없애 주려고 다가가는 것도 받아들이지 못한다.

훌륭한 법률 등은 결코 견딜 수 없을 것 같은 국민이면서도 번영을 누린 경우가 무수히 많다. 설령 그것을 할 수 있는 국민이라도, 그렇게 한 것은 그들이 종속한 저 기간 중의 짧은 동안에 지나지 않았다. 인민은 많은 경우 인간(의 일생)과 마찬가지로 유순한 것은 청년기뿐이고, 나이가 들면 고칠 수도 없게 된다. 한번 관습이 정해지고 편견이 뿌리를 내렸을 때, 그것을 개혁하려고 하는 것은 위험하고 헛된 시도이다. 재앙을 제거해주고자 해도 인민은 손길이 닿는 것조차 견딜 수 없어 한다. 그것은 마치 의사의 모습을 보기만 해도 전율하는 어리석고 겁 많은 환자와 비슷하다.

짤고 Message

국민에 대한 강도 높은 디스.
하지만, 여기서 말하는 국민은 현재 우리가 흔히 사용하는 국민의 개념과 좀 다르다. 시민으로 자각하지 않은 자연상태의 국가 집단 구성원을 의미한다.

055

자유의 조건

국민이란 미개한 상태에서 아무것도 몰라 자유로울 수 있지만, 시민으로서 각성했다가 쇠약해졌을 때는 자유로워질 수 없다. 이런 상태에 이르면 폭동으로 국민이 파괴될 수는 있어도, 혁명으로 국민을 복구시킬 수는 없다. 쇠사슬이 끊어지자마자 국민은 흩어지고, 이미 존재조차 사라진다. 이런 국민에게 필요한 것은 노예로서 지배할 사람이지, 해방으로 이끌 사람이 아니다.
자유롭다고 생각하는 국민들은 이 말을 명심해야 한다. 자유를 얻을 수는 있다. 그러나 결코 되찾을 수는 없다.

인민이 스스로 자유로울 수 있는 것은 인민이 단지 미개한 동안의 일이고, 시민의 활력이 소모되었을 때는 이미 그런 일을 할 수 없기 때문이다. 활력이 소모되는 경우에는 동란이 인민을 파괴하는 일은 가능해도, 혁명이 인민을 재건하지는 못한다. 그리고 인민을 결합하는 그 쇠사슬이 전달된 순간 인민도 뿔뿔이 흩어져서 존재하지 않게 되는 것이다. 그렇게 된 후 인민에게 필요한 것은 지배자일 뿐 해방자는 아니다. 자유로운 인민 여러분은 이 원칙을 기억해 두도록 하라. 사람은 자유를 얻을 수는 있지만, 그러나 자유는 결코 되찾아지는 것은 아니라는 점을.

짧고 Message

혹시라도 자신의 말을 따르지 않고서도 잘 살 수 있다고, 혹은 잘 살고 있다고 말하는 국민에 대한 루소의 협박에 가까운 강력한 메시지. 섬뜩할 정도의 결기가 느껴진다.

056

정치집단의 크기

사람의 키가 적정선에서 많은 차이가 나면 거인이나 난쟁이로 분류되듯이, 국가의 체제도 크기에 있어서 제대로 다스릴 수 있을 정도의 한계가 있게 마련이다. 정치집단에는 넘어서면 도저히 감당하기 힘든 힘의 한도가 존재하는데, 점점 커지다 힘의 한도를 넘어서는 일이 비일비재하게 발생한다.

하지만 사회의 유대관계는 길어질수록 느슨해지며, 작은 나라가 큰 나라보다 상대적으로 강한 것이 일반적인 경향이다.

자연이 균형잡힌 인간의 신장에 한계를 정해 놓고, 그것을 넘으면 거인이나 난쟁이밖에 되지 못하게 한 것처럼, 국가의 최량의 체제에 있어서도 역시 마찬가지로, 국가가 지닐 수 있는 크기에 한계가 있다. 그래서 너무 커서 충분히 통치를 할 수 없다거나, 너무 작아서 혼자 힘으로 유지할 수 없는 일은 생기지 않게 되어 있다. 모든 정치체 속에는 넘을 수 없는 힘의 극대(極大)가 있지만, 국가는 종종 너무 확대하여 그것을 훨씬 넘어 버린다. 사회의 굴레는 길어질수록 느슨해진다. 그리고 일반적으로 작은 나라는 큰 나라보다 비례적으로 보다 강하다.

짧고 Message

권력은 더 큰 권력을 탐하는 그 속성 때문에 영원할 수 없다. 고로, 필연적으로 부패하며 파멸한다. 지난한 권력투쟁의 역사가 이를 증명한다.

057

비대한 정치집단에게 나타날 수 있는 일들

비대해진 정치집단에게는 붕괴 직전의 징조가 나타난다.
정부의 힘은 한없이 약해져서 자신들이 세운 법률을
지키게 하지 못하고, 관료들이 직권을 남용하는 것을
제어하지 못한다. 또한 악습을 바로잡지 못하고, 멀리
떨어진 곳들에서 생겨날지 모르는 반란의 음모를 방지하는
시스템은 약화된다.
뿐만 아니라, 국민들의 애정도 전반에 걸쳐서 현저히
떨어지게 된다. 지배자답지 않은 지배자들, 낯선 조국,
살갑지 않은 동포들까지…
국민들은 모두 애정하지 않게 된다.

정부가 법률을 지키게 하고 직권 남용을 막고 악습을 바로잡으며, 먼 곳에서 일어나기 쉬운 반란의 기도를 막기 위한 힘과 민첩함이 약해질 뿐만 아니라, 인민이 결코 보는 일이 없는 지배자에 대해, 그들의 눈에는 세계와도 같은 조국에 대해, 그들로서는 그 대부분이 낯선 사람들인 동족에 대해 품은 애정이 감소하는 것이다.

짧고 Message

폭망의 징후는 예나 지금이나 별 차이 없다.

058

비대한 정치집단의 말로

지배자들은 자신의 일에 허덕이기 때문에 전체를 관리하지 못한다. 때문에 실질적으로 국가를 다스리는 것은 하급 공무원들이다. 하급 공무원들은 중앙의 권력과 통제에서 벗어나기 위해 애를 쓰는 것이 주된 업무이다. 때문에 다른 일을 돌볼 여력 따윈 없다. 국민의 행복 같은 건 아예 관심도 없고, 유사시 자신을 지킬 힘도 남지 않게 된다.
이런 이유로 자신의 시스템이 감당할 수 있는 것 이상으로 큰 정치집단은 결국 자기 자신의 무게에 짓눌려 쓰러지고 망하게 되는 것이다.

지배자들은 정무에 파묻혀 자기 눈으로는 아무것도 보지 않는다. 국가를 통치하는 것은 지위가 낮은 관리들이다. 요컨대 멀리 떨어져 있는 그 많은 관리들은 중앙의 권력에서 벗어나려 하거나 혹은 기만하려고 하기 때문에, 권력을 유지하기 위해 필요한 조치로 모든 공무가 채워진다. 인간의 행복을 위한 조치 등은 이제는 여지가 없고, 중앙에 무슨 일이 있을 때 자신을 지키기 위한 조치도 거의 취하지 못하게 된다. 이렇게 하여 자신의 체제에 비해 지나치게 큰 정치체는 자기 자신의 무게에 짓눌려서 쇠망하는 것이다.

짧고 Message

비선출직 공무원에 대한 무한 불신이 느껴진다. 결국 비대해진 국가가 폭망으로 가는 주요 이유 중의 하나는 자기만 살고 보겠다는 공무원들의 무사안일 태도 때문이라는 지적.

059

인구와 영토의 상관관계

정치집단의 크기는 두 가지 방법으로 측정할 수 있다.
영토의 넓이와 국민의 수인데, 그 안에 적절한 국가 크기에 대한 정답이 숨어 있다.
국가를 만드는 건 사람이고, 사람을 먹여 살리는 건 땅이다.
그래서 상호 간의 비율이 중요하다. 땅이 남아돌면 관리도 어렵고 생산물도 남아서 주변국들이 침략하는 원인을 제공하게 된다. 반대로 땅이 부족하면 그걸 채우기 위해 주변국을 침략할 수밖에 없게 된다.

정치체의 크기는 두 가지 방법으로 측정할 수 있다. 즉 영토의 넓이에 의한 방법과 인민의 수에 의한 방법이다. 그리고 이 두 개 양(量)의 상호 간에는 국가가 진실로 가져야 할 크기를 주는 데 적당한 관계가 있다. 국가를 만드는 것은 인민이고, 인민을 부양하는 것은 토지이다.

토지가 너무 넓으면 그것을 지키는 데에도 어려움을 겪고, 경작은 잘되지 않으며, 더구나 작물은 남아돈다. 그것은 자위 전쟁의 원인이다. 또 토지가 너무 좁을 때는 부족한 생산량을 보충하기 위해서 이웃 나라들에 의존하게 된다. 이것은 침략전쟁의 원인이다.

짤고 Message

뭐… 농업 중심의 사회에서 전개할 수 있는 당연한 논리다.

060

인구와 영토의 적정 비율은 케바케 (case by case)

땅 넓이와 인구수 사이에 적정 비율을 산출할 수는 없다. 지질의 상태, 작물의 종류, 기후 등이 다르고, 거기에 사는 사람의 기질도 다르기 때문이다.
많은 노동력을 요구하지 않는 산악 국가에서 사람들은 비교적 넓게 분포되어 살고, 채취할 수산물이 많은 바닷가에는 높은 인구 밀집도를 보인다.

영토의 면적과 인구수와의 사이에 서로를 만족시키는 일정한 관계를 숫자로 산출하지는 못한다. 그 이유는 지질과 풍요로움의 정도, 작물의 성질과 풍토의 영향 등에 차이가 있기 때문이고, 또한 그 토지에 사는 사람의 기질에도 차이가 있기 때문이다.
산악 국가에서는 사람들이 토지에 넓게 분포되어 살 것이다. 산악 국가에서는 자연의 산물, 즉 사람이나 목장 등은 그다지 손댈 것이 없고...(중략)
이와 반대로 해변에서는 불모지와 다름없는 바위와 모래 사이에서조차 사람들의 밀집이 가능하다. 수산물의 채취가 토지의 산물을 보충할 수 있기 때문이다.

짤고 Message

'산악마을'보다 '어촌마을'이 좀 더 친숙한 느낌이 드는 건, 루소의 말처럼 산악에 집단 부락이 형성되기 힘든 자연환경 탓이다.

061

국가 형성의 최적기

법을 제정할 때는 절대적인 조건이 필요하다. 다른 어떤 조건보다 우선하며, 절대 대체할 수 없는 그 조건은 바로 국민이 풍족함과 평화를 즐길 때이다.
사회계약을 통해 하나의 국가가 형성되는 시기는 군대가 만들어질 때와 마찬가지로, 집단의 저항 능력이 가장 적어 파괴되기 쉬운 순간이다. 사람은 완전히 무질서할 때 집단에 대한 걱정보다는 자기 자신에 대한 걱정만 하기 마련이다. 이 시기에 전쟁이나 기근, 폭동이 발생하면 국가는 붕괴될 수밖에 없다.

법을 제정할 때는 여기에 또 하나의 조건을 덧붙여야 한다. 그것은 다른 어떤 조건의 대신이 될 수도 없고 만약 이것이 없으면 다른 모든 조건이 무의미해진다. 이 조건은 바로 인민이 충족한 생활과 평화를 즐겨야 한다는 것이다. 왜냐하면 국가가 질서를 세우는-사회계약을 맺는-시기는 군대가 편성되는 때와 마찬가지로 정치체가 저항하기에 가장 어렵고, 가장 파괴되기 쉬운 순간이기 때문이다. 사람은 완전한 무질서의 시기에 오히려, 각자가 자기 지위 때문에 골치를 앓고 있어 전체의 위험에 대해 전혀 생각지 않는 시기보다 더 강할지도 모른다. 이 위기에 전쟁·기근·반란이 발생하면 국가는 반드시 붕괴되고 만다.

짤고 Message

그러니까 '파괴되기 쉬운 순간에 국가를 형성하라'는 말씀.
위기가 곧 기회라는 말은 바로 이때 쓰라고 있는 것이다.

062

입법자와 폭군의 구별법

이런 혼란의 시기에 국가를 파괴하는 것은 바로 정부 자체이다. 국가의 주권을 빼앗는 폭군들은 이런 혼란기를 틈타 국민이 이성적일 때는 절대 받아들일 수 없는 파괴적인 법들을 대중들의 공포심을 이용해 통과시키려 한다. 따라서, 건국 시기를 제대로 선택하는 일은 '입법자'와 '폭군'를 구별하게 해주는 가장 확실한 방법이 되는 것이다.

이 경우 국가를 파괴하는 것은 이런 정부 자체인 것이다. 찬탈자는 항상 이러한 혼란기를 불러일으키거나, 또는 이 시기를 틈타 인민이 냉정할 때는 결코 받아들이지 않을 파괴적인 법을, 공중(公衆)의 공포심에 편승하여 통과시키는 것이다. 건국의 시기를 택하는 문제는, 입법자와 폭군의 행위를 구별할 수 있는 가장 확실한 여러 특징 중 하나이다.

짧고 Message

역사는 알고 있다.
혼탁한 세상을 구하면 아기장수가 되지만, 혼탁한 세상을 이용해 자신의 권력을 탐하면 독재자(폭군)로 기록된다는 사실.

063

입법에 적합한 인민

어떤 국민이 입법에 적합할까?
이해관계나 인습 따위에 결합되어 있지만, 법들의 진짜 멍에는 져 본 적 없는 국민. 관습도 미신도 갖지 않고, 급작스러운 침입에 시달릴 염려도 없으며, 이웃 나라의 싸움에 말려들지 않고 혼자서 그 하나하나와 맞설 수 있는 국민, 한 나라를 물리치기 위해 다른 나라를 이용할 수 있는 지혜가 있고. 한 사람이 짊어질 수 없는 무거운 짐을 남에게 지라고 강요하지 않는 국민.
부유하지도 가난하지도 않으면서 자급자족이 되는 국민.
고대 국민의 강직함과 근대 국민의 온순함이 조화를 이룬 국민이 바로 입법에 알맞은 국민이다.
그런데 이런 조건을 다 갖추는 건 정말 힘든 일이며, 그래서 제대로 만들어진 국가는 별로 없는 것이다.

그럼 입법에 적합한 것은 어떤 인민일까? 기원이나 이해 또는 약속이 어떤 일치에 의해 이미 맺어져 있지만, 법의 진정한 멍에가 아직 부착되지 않은 인민(중략), 또 이웃 나라의 항쟁에 휘말리지 않고 혼자 힘으로 그 이웃 나라에 저항할 수 있으며, 또는 한 나라를 물리치기 위해 다른 나라와 서로 도울 수 있는 인민. (중략) 부자도 가난뱅이도 아니고 자급자족할 수 있는 인민. 요컨대 고대 인민의 건실함과 근대 인민의 유순함을 아울러 지닌 인민이야말로 바로 그런 인민이다. (중략) 사실 이런 조건이 모두 갖춰진다는 것은 쉬운 일이 아니다. 그러므로 입법이 잘 조직된 국가는 찾아보기 힘들다.

짧고 Message

다시 말해, 입법에 적합한 인민은 사실상 없다는 말과 진배없다.

064

평등에 관하여

입법 체계의 궁극적인 목적은 국민의 행복이어야 하고, 그 행복은 결국 자유와 평등으로 귀착된다.
여기서 평등은 권력과 재산의 정도가 같다는 말로 이해해서는 안 된다. 권력이 폭력으로 변질되지 않고 지위와 법에 따라서 행사된다는 의미이다. 재산은 어떤 시민이 다른 시민을 살 수 있을 정도로 부유하지 않고, 어떤 시민도 자신의 몸을 팔아야 할 만큼 가난하지 않다는 것으로 이해해야 한다.
이런 일이 가능하려면 잘사는 사람들은 재산과 권력을 절제해야 하고, 못사는 사람들은 탐욕과 선명을 절제해야 가능하다.
이런 평등은 현실에서는 어렵고 공상에서만 가능하다고 말하는 이도 있다. 하지만 어렵다고 해서 필요 없는 일은 아니다. 다시 말해 사물의 이치가 늘 불평등으로 향하기 때문에, 입법의 힘은 늘 평등을 향해야 한다.

이 평등은 실제로는 존재할 수 없는, 머릿속에서만의 공상이라고 사람들은 말한다. 그러나 평등의 남용이 피하기 어렵다고 해서 그것을 규제하는 일까지 불필요한 것이 될까? 사물의 힘은 평등을 파괴하는 경향이 있다면 바로 그 이유에 의해, 입법의 힘은 항상 평등을 유지하도록 작용해야 한다.

짤고 Message

"사물의 힘은 평등을 파괴하는 경향이 있다면 바로 그 이유에 의해, 입법의 힘은 항상 평등을 유지하도록 작용해야 한다."
루소가 이상주의자인지 아닌지의 여부는 둘째 치고, 누가 이 아름다운 논리에 반기를 들 수 있단 말인가!

065

입법자의 역할

한 국가의 체제가 안정되려면 자연적 관계와 법이 조화를 이루며 협력해야 한다. 다시 말해 법이 자연의 순리를 따르면서 바로잡아주어야 한다는 말이다.
하지만 '입법자'가 엄한 목적을 가지고 사물의 본성에서 생겨나는 원리와 다른 방향을 취하게 되면 사태는 심각해진다. 한쪽은 예속으로 다른 한쪽은 자유로, 한쪽은 부유로 다른 한쪽은 인구 증가로, 한쪽은 평화로 다른 한쪽은 정복으로 나아가게 된다.
이렇게 되면 법들은 약해지고, 국가의 체제는 허물어지며, 자연이 세상을 다시 지배할 때까지 국가는 심한 진통을 앓게 될 것이다.

국가의 체제를 견고하고 영속적인 것으로 만드는 일은 자연의 여러 관계와 법 사이에 조화가 유지되도록 하고, 따라서 항상 같은 일에 관해 서로 협력하며 법이 이른바 자연의 여러 관계를 확실하게 하고 그것과 동조하여 그것을 바르게 되도록 하는 일이다. 그러나 만일 입법자가 그 목적을 그르쳐서 사물의 자연에서 생기는 원칙과는 다른 원리를 받아들인다면, 즉 한쪽은 예속 상태로, 다른 한쪽은 자유로 향하고, 한쪽은 재부로, 다른 한쪽은 인구 증가로, 또 한쪽은 평화로, 다른 한쪽은 정복으로 향하려고 한다면, 법은 어느새 약해지고 국가의 체제는 변하며, 또 국가는 끊임없이 분쟁에 시달릴 것이다.

짧고 Message

결국 아무리 좋은 시스템도 입법자가 잘못 들어서면 말짱 도루묵이라는 말씀. 위정자들은 가슴 깊이 새겨 들어 마땅하다.

066

국가와 주권자의 관계, 정치법 혹은 기본법

전체의 질서를 잡는 일, 다시 말해 국가의 가장 좋은 시스템을 구축하기 위해서 고려해야 할 몇 가지 관계가 있다.

첫째, 자신에게 적용되는 집단 전체의 행위이다. 다시 말해 전체의 전체에 대한 관계, 즉 국가에 대한 주권자의 관계이다.

이 관계를 조절하는 법을 정치법, 혹은 기본법이라 부르는데 기본법이라는 말은 그 기능을 생각하면 타당한 명칭이다. 만일 국가마다 질서를 확립할 방법이 단 하나라면 그걸 발견한 국민은 마땅히 그걸 지켜나가야 하기 때문이다.

전체에 질서를 주기 위해서는, 즉 공공체에 좋은 형식을 주기 위해서는 여러 가지 관계를 살펴야 한다. 첫째로 자기 자신에게 작용하는 모든 정치체의 행위, 즉 전체의 전체에 대한 관계, 바꿔 말하면 국가에 대한 주권자의 관계이다.

이 관계를 규제하는 여러 법은 정치법이라 불리고 또 근본법이라고도 불리지만, 이런 법이 현명한 경우에는 근본법이라 부르는 것도 정당할 것이다. 왜냐하면 만일 각각의 국가에 있어 이것에 질서를 주는 좋은 방법이 하나밖에 없다면, 그것을 발견한 인민은 그것을 굳게 지켜야 하기 때문이다.

짧고 Message

추상과 형이상학적 표현으로 점철된 법의 분류는 난해하기 그지없다.
이 장에서는 이 정도만 기억하자.
법의 첫 번째 종류, 정치법. 전체의 전체에 대한 관계, 즉 주권자의 국가에 대한 관계를 규제하는 법을 말한다.

067

개인과 개인 혹은 개인과 집단의 관계, 민법

둘째 관계는 구성원 사이, 혹은 구성원과 집단 간의 관계이다. 이 관계에서 유의할 점은, 구성원 사이에서의 관계는 되도록 작고, 구성원과 집단 사이에서의 관계는 되도록 커야 한다는 점이다. 그래야 '시민'들은 각자 독립되고, '나라'에는 극도로 의존할 수 있게 된다. 이건 늘 같은 방법에 의해 형성된다. 개인을 자유롭게 만드는 건 국가의 힘밖에 없기 때문인데, 여기에서 파생되는 법이 바로 민법이다.

두 번째 관계는 정치체 구성원 상호 간의 관계와 또는 구성원과 전체와의 관계이다. 구성원 상호 간의 관계일 때는 그리 중요하지 않지만, 구성원과 전체와의 관계는 매우 중요하다. 그 결과 구성원은 다른 모든 구성원으로부터 완전히 독립하여 정치체에 전적으로 의존하게 해야 한다. 이것은 항상 같은 수단에 의해 달성된다. 왜냐하면 국가의 힘만이 그 구성원이 자유를 만들어 낼 수 있기 때문이다. 이 두 번째 관계에서 민법이 생긴다.

짧고 Message

이 장에서는 이 정도만 기억하자.
법의 두 번째 종류, 민법. 구성원 상호의 관계, 구성원과 국가의 관계를 규제하는 법을 말한다.

068

사람과 법 사이의 약속, 형법

셋째 관계는 사람과 법 사이의 관계이다. 달리 말하면 위법행위를 했을 때 내려지는 형벌의 관계이다. 어떻게 보면 이 관계가 형법 제정의 원인이 된다. 따라서 형법은 법의 한 종류라기보다는 다른 모든 법들을 뒷받침하기 위한 사람과 법 사이의 약속이다.

사람과 법 사이에는 세 종류의 관계를 생각할 수 있다. 즉 위법행위와 형벌에 대한 관계이다. 이 관계가 형법의 제정을 빚어내는데, 형법은 근본적으로 법의 특별한 종류라기보다 오히려 모든 법의 보장이다.

짧고 Message

이 장에서는 이 정도만 기억하자.
법의 세 번째 종류, 형법. 사람과 법 사이의 관계이며, 법의 종류라기보다는 법이 제대로 작동할 수 있게 돕는 시스템이다.

069

시민의 혼이 깃든 법, 여론

이 세 가지 법에 더해 가장 중요한 넷째 법이 끼어든다. 어디에도 기록되어 있지 않지만, 시민들의 마음속에 새겨지는 법. 그것은 바로 풍습, 관습, 특히 여론이다. 정치가들에게는 알려져 있지 않지만, 사실 다른 모든 법의 성패를 좌우하는 중요한 법이다. 위대한 '입법자'들이 개의치 않는 척하면서도, 매우 중요하게 생각하는 법이기도 하다.

이 여러 종류의 법 중에서 나는 정치법에 관해서 다루고자 한다.

이 세 종류의 법에 제4의 법, 즉 모든 법 중에서도 가장 중요한 법이 덧붙여진다. 이 법은 대리석이나 강판(鋼板)에 새겨지는 것이 아니라, 사람들의 생각 자체에 새겨져 있다. (중략)
이것은 습속 및 관습, 특히 여론이다.
현재의 정치가들에게 잘 알려져 있지 않은 법의 이 부분이야말로 실제로는 모든 법의 성패를 장악하는 것이다. 위대한 입법자는 개개의 규칙만을 생각하고 있는 것처럼 보일 때조차도 은밀히 여기에 마음을 쓰고 있다.
이런 여러 종류의 법 중에서 정부의 형태를 제정하는 정치법만이 나의 문제와 관계가 있다.

짧고 Message

이 장에서는 이 정도만 기억하자.
법의 네 번째 종류, 여론. 엄밀히 말해 법은 아니지만, 다른 법의 성패에 매우 중요하게 작용한다.

제3편

070

입법권과 행정권

자유로운 행동은 두 가지 원인의 상호작용에 의해 잉태된다. 하나는 정신적인 측면에서 발생하는 의지이고, 다른 하나는 물리적인 측면에서 발생하는 실현하고자 하는 힘이다.
예를 들어 내가 어딘가로 걸어가려면 거기에 가길 바라야 하고, 내 발이 거기로 데려가야 한다. 둘 중 하나만 결핍돼도 목적지에 도달할 수 없다.
정치집단에도 같은 원리가 적용된다.
그건 힘과 의지인데, 의지는 '입법권'이라는 이름으로, 힘은 '행정권'이라는 이름으로 불린다. 결국 이 두 개의 협력 없이는 아무것도 이루어지지 않고, 또 이루어져서도 안 된다.

어떤 자유로운 행위에도 그것을 산출하기 위해 협력하는 두 가지 원인이 있다. 하나는 정신적 원인, 즉 이 행위를 실행하는 힘이다. 내가 어떤 목적물을 향해 걸어가는 경우, 첫째로 내가 그곳에 가기를 원하는 의욕과, 둘째로 내 발이 나를 그곳으로 이끄는 일이 필요하다.
정치에도 이 같은 원동력이 있다. 거기에도 마찬가지로 힘과 의지가 구별된다. 후자는 '입법권'이라고 불리고, 전자는 '집행권'이라 불린다. 이 두 가지의 협력 없이는 아무것도 할 수 없고, 또 아무것도 해서는 안 된다.

짧고 Message

여기서 언급하는 힘과 의지는 우리가 일반적으로 사용하는 개념과 다소 차이가 있다. 앞에서 반복해 말했지만, (일반)의지는 개개인의 자유를 위한 공동의 목적이고 힘은 그것을 집행하는 실천적 행위를 의미한다.

071

정부는 주권자의 대리인

입법권은 국민에게 있고, 국민 외에는 가질 수 없다. 반대로 국민 대다수인 '입법자'나 '주권자'들이 행정권을 가질 수 없다는 것도 앞의 논리에 의해 설명이 가능하다. 왜냐하면 행정권은 개별적인 행위의 영역이기 때문이다.
공공의 힘을 제대로 구현하기 위해서는 대리인(agent)이 있어야 한다. 이것이 국가에 '정부'가 있어야 하는 이유이다. 정부는 말 그대로 '주권자'의 대리인에 불과하며 절대 주권자와 혼동해서는 안 된다.

입법권은 인민에 속하며, 또 인민 이외의 것에 속할 수는 없다. 이와 반대로 이미 확정된 원리에 의해 집행권은 입법자나 혹은 주권자로서의 인민 일반에는 속할 수 없는 것임을 쉽게 알 수 있다.
공인(公人)에 있어 행하는 적당한 대리인이 필요하다.
이것이 국가에 있어서의 정부의 존재 이유이며, 이 정부는 부당하게도 주권자와 혼동되고 있지만, 정부는 주권자의 집행인에 지나지 않는 것이다.

짧고 Message

민주주의 국가의 기본 원리.
정부는 국민의 대리인에 불과하다. 그러므로 정부는 국민 위에 서려고 해서도 안 되며, 국민들도 정부가 국민 위에 서 있는 존재라고 생각하지 말아야 한다.
제발, 기본을 망각하지 말자.

072

주권자의 심부름꾼, 정부

정부는 백성들과 '주권자'의 상호 커뮤니케이션을 위해 존재하는 중간 집단이다. 또한 법을 집행하고 시민으로서의 자유와 정치참여 주체로서의 자유를 유지하는 역할을 하는 중간 집단이다.
이 집단의 멤버들은 '행정관'이나 '왕' 혹은 '우두머리', 통합해서 '통치자'라 불린다.
국민이 통치자에게 복종해야 할 의무는 계약 어디에도 포함되지 않는다. 그들은 주권자인 국민의 이름을 대신해 심부름을 행사하는 하나의 직책에 불과하다.
때문에 그들은 주권자가 내키지 않을 때는 그 권한을 제한하고 되돌려 줘야 하는 한시적 권력자에 불과하다.

그럼 정부란 무엇인가? 그것은 신민과 주권자 사이의 상호 연락을 위해 설치되고, 법률의 집행과 시민적·정치적 자유의 유지를 임무로 하는 하나의 중개단체이다.
이 단체의 구성원은 '행정관' 혹은 '왕', 즉 '지배자'라는 이름을 지닌다. 그리고 이를 통틀어 '통치자'라는 이름을 가진다. 그러므로 한 인민이 통치자에게 복종하는 행위는 결코 계약이 아니라고 말하는 사람들의 주장은 지극히 타당하다. 이 행위는 전적으로 위임이나 혹은 고용에 지나지 않으며, 그 경우 통치자는 주권자의 단순한 관리로서 주권자로부터 위임받은 권력을 주권자의 이름으로 행사하고 있는 것에 불과하다.

짧고 Message

정치인들의 단골 멘트인 "국민의 심부름꾼이 되겠다."라는 표현은 바로 이 맥락에서 나온 것이다.

073

입법의 조건

이상적인 입법은 개별적이거나 개인적인 의지를 배제해야 만들어질 수 있다. 일반의지와 주권자의 의지가 항상 우선되어야 하고, 다른 의지를 통제하는 유일한 것이 되어야 한다. 따라서 정부라는 단체의 의지도 반드시 이에 종속되어야만 한다.

완전한 입법에 있어서는 개별적 또는 개인적 의지는 완전히 없어야 한다. 그리고 정부의 고유한 단체의지는 극히 종속적이어야 한다. 그리고 그 결과 일반의지나 또는 주권자의 의지는 항상 우월적이고, 또 모두 다른 의지를 규율하는 유일한 것이어야만 한다.

짧고 Message

국가 구성의 핵심 근거로 '일반의지'를 꼽은데 더해, 법을 만드는 일도 일반의지에 따라야 한다는 말씀.
루소의 기승 전 일반의지는 입법 논리에서도 여전히 유효하다.

074

정부와 행정관의 숫자

국가가 커지면 국가의 힘도 커진다. 하지만 국가의 크기가 같다면 행정관의 숫자가 늘어난다 해도 정부가 더 큰 힘을 갖지는 않는다. 정부의 힘은 국가의 힘이고, 국가 힘의 양은 항상 불변하기 때문에 정부에서 공적인 업무를 처리하는 행정관의 수가 많아지면 비례적으로 정부의 힘이 약해질 수밖에 없다.

하지만 이런 논리는 정부와 행정관 수의 상관관계에 관한 것이지, 힘의 정당성에 관한 것은 아니다. 행정관의 수가 많아지면, *(행정관도 국민이기 때문에)* 정부가 가지고 있는 단체의지는 자연스럽게 일반의지에 가까워지지만, 행정관의 수가 적으면 어쩔 수 없이 개별의지에 가까워지기 때문이다. 결국 정부와 그 구성원인 행정관 숫자의 많고 적음은 장단점이 있기 마련인데, 적정수를 찾는 게 입법자의 능력이다.

내가 말하고 있는 것은 정부의 상대적인 힘에 관해서이며, 그 힘의 정당성에 관해서는 아니다. 왜냐하면 행정관의 수가 늘어나면 늘어날수록 단체의지는 더욱더 일반의지에 접근하지만, 이와 반대로 단 한 사람의 행정관 아래에서는 이 같은 단체의지는 이미 말했듯이 바로 개별의지에 불과하기 때문이다. 이처럼 어느 쪽으로 기울어도 일장일단이 있는 것이어서, 정부의 힘과 의지는 항상 상반되는 관계에 있다. 그러므로 양자가 국가에 있어 가장 유리한 비례를 보전하는 점을 결정하도록 하는 일이 입법자의 기량인 것이다.

짧고 Message

많은 사람들이 행정관(공무원)을 시간만 떼우면 되는 '철밥통'으로 인식하고 있다면, 지금의 공무원 운용 시스템과 숫자가 적정한지 고려해봐야 한다.

075

수에 따른 정부의 분류

정부를 구성하는 행정관의 수에 따라 정치체제를 구분할 수 있다.
주권자는 일반 국민보다 행정관이 더 많도록 구성할 수도 있다. 정부를 최대 다수의 국민들에게 맡기는 형태인데, 이를 민주정체라 부른다.
행정관보다 일반 국민을 더 많게 하고, 정부를 소수 사람들의 손에 맡기게 할 수도 있는데, 이를 귀족정체라 부른다.
정부를 단 하나의 행정관의 손에 맡기고 다른 행정관들의 권력을 그에게 종속시킬 수도 있다. 가장 흔한 형태인데, 이를 군주정체 또는 왕정이라 부른다.

첫째로. 주권자는 정부를 인민 전체나 또는 최대 다수의 인민에게 위임하여, 단순한 개인으로서의 시민의 수보다도, 행정관인 시민의 수가 많아지게 할 수 있다. 이 같은 정체는 '민주정(民主政)'이라는 이름으로 불린다. 다음으로, 주권자는 정부를 소수의 인민의 손에 제한하며, 행정관의 수보다도 단순한 시민의 수가 많아지게 할 수도 있다. 이 같은 정체는 '귀족정(貴族政)'이라 불린다. 끝으로,주권자는 정부 전체를 단 한 사람의 행정관의 손에 집중시켜서, 다른 모든 행정관들은 그들의 권력을 이 한 사람의 행정관으로부터 물려받게 할 수 있다. 이 정체는 '군주정(君主政)' 또는 '왕정(王政)'이라 불린다.

짧고 Message
행정관의 숫자로 알아보는 초간단 정치체제 분류.

076

민주정의 개념

법률을 만드는 사람이 이상적으로 생각하는 건 입법권과 집행권이 결합해 있는 것이다. 하지만 이건 어떤 측면에서 보면 불완전한 형태일 수 있다. 구별되어야 할 것이 구별되지 않고, 군주와 주권자가 같은 사람이어서, '정부'가 존재하지 않는 '정부'의 형태일 뿐이기 때문이다.

법률을 만드는 사람은 그 법률을 어떻게 해석해야 하는지를 누구보다도 잘 알고 있다. 그래서 그 집행권이 입법권과 결합해 있는 제도보다 더 좋은 제도는 있을 수 없는 것처럼 생각된다. 그러나 집행권과 입법권이 결합해 있다는 사실이 이 경우의 정체(민주정)를 어떤 점에서는 불충분한 것이 되게 한다. 왜냐하면 구별되어야 할 것이 구별되어 있지 않고, 통치자와 주권자가 완전히 동일 인격일 뿐이므로, 이를테면 정부 없는 정부를 만들고 있는 셈이기 때문이다.

짤고 Message

여기서는 말하는 '민주정'은 우리가 흔히 말하는 '민주주의'에서 파생된 '민주정'이 아니라, 원론적 개념으로서의 '민주정', 즉 일반 국민의 수보다 행정관(공무원)을 맡는 국민이 더 많은 정치형태로서의 '민주정'을 말한다.

077

실현 불가능한 정치체, 민주정

'민주정'이라는 말을 단어 그대로 엄밀하게 적용하자면, 지금까지 존재하지 않았고 앞으로도 존재할 수 없는 정치 형태다. 다수가 소수를 통치한다는 것은 상식적으로 맞지 않기 때문이다. 국민들이 공공의 일을 처리하기 위해 시시때때로 모인다는 것도 불가능할 뿐더러, 그런 것이 가능한 행정 형태를 구축하는 것도 불가능하다.
때문에 민주정은 이상적이지만 인간이 신이 아닌 이상 불가능한 정부 형태다.

민주정이라는 말의 의미를 엄밀하게 해석한다면, 진정한 민주정은 지금까지 존재하지 않았고, 앞으로도 결코 존재하지 않을 것이다. 다수자가 통치하고, 소수자가 통치를 받는다는 것은 자연의 질서에 어긋난다. 인민이 공무를 처리하기 위해서 끊임없이 모인다는 것은 상상할 수도 없다.

만일 신(神)들로 이루어진 인민이 있다면, 그 인민은 민주정을 택할 것이다. 그러나 이만큼 완전한 정부는 인간에게는 적합하지 않다.

짧고 Message

고로, 인간이 가까이하기엔 너무 먼 정치체제가 민주정이라는 결론.

078

최초의 사회 귀족정

최초의 사회는 '귀족'으로 통칭 되는 소수에 의해 통치되었다. 가장들이 모여 공공의 일을 토의했고, 젊은이들은 그들의 경험과 권위에 복종했다. 사제·장로·원로원·연장자 등의 이름이 여기에서 생겨났다. 하지만 태어나면서부터 갖게 된 불평등보다 살아가면서 갖게 된 불평등이 더 중요해지면서, 부와 권력이 나이와 경험보다 중요한 가치를 갖게 되었다. 이로 인해 귀족정은 선거제로 바뀌게 되었다.

최초의 사회는 귀족들에 의해 통치되고 있었다.
가부장(家父長)들이 공적인 일을 서로 토의했고,
젊은이들은 순순히 경험의 권위 앞에 복종하였다.
사제·장로·원로원·연장자 등의 이름은 여기에서 생긴 것이다.
그러나 제도의 불평등이 자연의 불평등보다 심화됨에 따라 재산이나 권력이 나이보다 중요시되기에 이르렀고, 이리하여 귀족정은 선거제로 바뀌었다.

짧고 Message

"제도의 불평등이 자연의 불평등보다 심화됨에 따라 재산이나 권력이 나이보다 중요시되기에 이르렀고..."
변화의 핵심을 관통하는 촌철살인 같은 지적이 아닐 수 없다.

079

귀족정의 꽃, 선거

결국 귀족정은 세 가지 방식으로 존재하게 되었다. 태어나면서부터 자연적으로 그렇게 된 것, 선거에 의해 선출된 것, 세습에 의해 물려받은 것이 그것이다. 태어나면서부터 자연적으로 그렇게 된 귀족정은 바보 같은 국민들만 받아들일 수 있는 형태이고, 세습에 의한 것은 가장 나쁜 정치 형태이다. 때문에 가장 이상적인 귀족정은 바로 선거에 의한 것이다.

귀족정은 주권과 행정권이 뚜렷하게 구별된다는 장점 외에 정부의 구성원을 선택할 수 있다는 장점도 있다. 태어나면서부터 모든 시민이 행정관이 되는 민주정과 달리 선거를 통해 소수의 사람을 행정관으로 선출하기 때문이다.

그러므로 귀족정에는 세 가지 종류가 있다. 자연적인 것과 선거에 의한 것, 그리고 세습적인 것이다.
자연적인 것은 소박한 인민에게 적합하고, 세습적인 것은 모든 정치 중에서 최악의 것이며, 선거에 의한 귀족정이 최선의 정치로서 이것이야말로 본래 의미의 귀족정이다.
귀족정에는 두 가지 권력-주권과 행정권-이 뚜렷이 구별되는 장점 외에 정부의 구성원을 선택한다는 장점이 있다. 왜냐하면 인민정부인 경우에는 모든 시민이 태어나면서부터 행정관이 되지만, 귀족정인 경우에는 행정관을 소수의 사람들로 한정하며, 더구나 선거에 의하지 않고서는 행정관이 될 수 없기 때문이다.

짧고 Message

선거는 이렇게 태동되었다.

080

선출된 행정관에게 필요한 것

선거를 통해 선출한 행정관들이 자신이 아니라 국민 대다수의 이익을 위해 일한다는 것이 확실하다고 전재한다면, 가장 현명한 사람들이 대중을 지배하는 것이 가장 자연스럽고 이상적이다.

그들 자신의 이익을 위해서가 아니라 다수자의 이익을 위해 정치한다는 것이 확실한 경우에는, 가장 현명한 사람들이 대중을 지배하는 것이 가장 자연스럽고 훌륭한 일이다.

짤고 Message

'다수자의 이익을 위해 정치한다는 것이 확실한 경우'라는 전제가 과연 현실적으로 가능할지 의구심이 생기는 게 사실이지만, 논리상으로 보면 수긍하지 않을 수 없다.

081

천하무적 군주

지금까지는 법에 의해 정해지고, 국가라는 틀 안에서 주권자(국민)로부터 집행권을 위임받은 대리인으로서 통치자를 논해왔다. 하지만, 지금부터 논할 대상은 법에 근거해, 권력을 행사할 권리를 독차지한 자연인에 대해 이야기하려 한다.
우리는 이를 군주, 혹은 왕이라 지칭한다.
정부나 행정기관 등의 집합체가 개인을 대표하는 다른 정치체제와 달리 군주정에서는 개인인 군주가 전체를 대표한다. 군주의 육체와 정신이 모든 기준이 되고, 결국 군주 자체가 곧 법이 된다.

지금 우리는 법률에 따라 권력을 행사하는 권리를 가진 오직 한 사람의 자연인, 즉 실제 인간의 손에 집중된 경우를 생각하지 않으면 안 된다. 이것을 군주 혹은 왕이라 불린다.

한 집합체가 한 개인을 대표하고 있는 다른 여러 정체와는 반대로, 군주정에서는 한 개인이 하나의 집합 존재를 대표한다. 때문에 통치자를 구성하는 정신적 통일은 이 경우 동시에 육체적 통일이기도 하며, 이 통일 속에는 다른 정체라면 법률이 몹시 고심해서 결합할 모든 기능이 자연히 결합되어 있는 것이다.

짧고 Message

이를테면, "짐이 곧 국가요." 같은 상태.
짐이 곧 국가인 관계로 왕의 얼굴은 용안으로 옹립되고, 왕의 말은 그 어떤 가치도 뛰어넘는 절대 진리로 자연스럽게 포지셔닝 하게 된다.

082

왕의 권력

자신의 권력이 절대적이기를 바라는 왕을 위해 왕의 측근이 아닌, 한 발짝 떨어져 있는 사람들은 국민들로부터 사랑을 받는 것이 최선이라고 왕에게 조언한다. 이 조언은 아름다울 정도로 타당하지만, 측근들에게는 씨알도 안 먹힐 소리다. 국민들의 사랑과 지지를 통해서 얻은 권력은 분명 가장 강력하다. 하지만 그 사랑과 지지는 어떻게 변할지 모르는 것이어서 왕들은 결코 이런 권력에 만족하지 않는다. 때문에 아무리 훌륭한 왕이라도 집권을 위해서라면 악인이 되는 걸 주저하지 않게 된다.

국왕들은 절대적이기를 바라고 있다. 그러기 위해서는 인민들로부터 사랑을 받는 것이 최고의 방법이라고 사람들은 멀리서 국왕들에게 외치고 있다. 이격률은 매우 아름답고, 어떤 점에서는 진실하기조차 하다. 그러나 불행하게도 궁정에서는 이런 말은 항상 일소에 부쳐질 것이다. 인민의 사랑에서 생기는 권력은 확실히 가장 큰 권력이다. 그러나 그것은 불확실하고, 조건부의 권력이다. 왕들은 결코 그런 권력으로는 만족하지 않을 것이다. 아무리 훌륭한 국왕이라도, 지배자로서의 지위를 고수하면서 마음이 내키면 악인일 수 있기를 원하고 있다.

짧고 Message

어떤 조직이건 수장들의 고민은 언제나 한결같다.
조직의 성공을 위해서 강한 리더가 될 것이냐!, 사랑받는 리더가 될 것이냐!
하지만 사랑받는 리더와 강한 리더가 동격인 관계로, 조직의 성공을 바라는 리더라면 얼마만큼 사랑받아 얼마만큼 강한 리더가 될 것인지 고민하는 편이 훨씬 유용하다.

083

군주정의 인사 시스템

공과정과 비교했을 때 군주정은 치명적인 한계를 가지고 있다. 공화정은 여론 때문에 요직에 유능한 인물이 아닌 사람이 앉을 수 없는 반면에, 군주정에서 출세하는 사람들의 대부분은 소인배, 협잡꾼, 음모가이기 때문이다. 그들은 잔재주로 그 자리에 앉게 되지만, 결국 그 자리에서 국민들에게 보여줄 수 있는 건 자신들의 무능뿐이다.

6. 군주정에 대해

군주정을 항상 공화정보다 못한 것이 되게 하는 근본적인 결점은, 공화정에 있어 여론은 그 직무를 훌륭하게 수행하는 견식이 있고 능력이 있는 인물 이외의 사람을 좀처럼 높은 자리에 앉히지 않지만, 이와 반대로 군주정에서 입신출세하는 자의 대부분은 소인배, 협잡꾼, 음모가라는 데에 있다.

짧고 Message

대한민국은 (민주)공화국이다. 때문에 고위직은 여론, 다시 말해 투표나 청문회 등을 통해 '능력'과 '자질'을 검증받아 관직에 오른다. 그렇다면 행정관들에게 요구되는 '능력'과 '자질'은 무엇일까? 2021년, 대한민국을 뜨겁게 달궜던 조국 법무부 장관 인사와 관련해서 생각해보면, 답은 바로 나온다.

그건 바로 민심, 다시 말해 시대정신이다.

시대정신은 당위나 명분도 아니고, 옳고 그름도 아니며, 정의는 더더욱 아니다. 시대정신이 어디로 향할지 아직도 설왕설래하지만, 훗날 역사는 분명한 해답을 제시할 것이다.

서글프지만, 원래 그렇게 작동하는 것이 민주주의다.

084

혼합정부의 당위성

엄밀하게 말해 단독정부란 없다. 하나뿐인 통치자도 아래 관리들이 있어야 하고, 국민이 중심이 된 정부에도 통치자가 있어야 한다. 그래서 행정권을 분배할 때는 다수에서 소수로 움직이는 경향이 있는데, 어떤 경우에는 다수가 소수에 종속되기도 하고, 다른 어떤 경우에는 소수가 다수에 종속되기도 한다.

정확하게 말하면 단일형태의 정부라는 것은 존재하지 않는다. 한 사람의 우두머리라도 많은 관리들이 있어야 하고, 인민의 정부도 한 사람의 우두머리가 있어야 한다. 그래서 집행권의 분할에 있어서는 항상 다수에서 소수에의 단계가 있다. 그렇지만 거기에는 어떤 때는 다수자가 소수자를 의존하고, 또 어떤 때는 소수자가 다수자를 의존한다는 차이가 있다.

짧고 Message

앞에 말한 민주정, 귀족정, 군주정이 개념에 따른 기계적인 정치체제의 구분이라면, 혼합정부는 현실적인 구성 형태쯤으로 이해하면 된다.

085

균형의 미학

정치가들 사이에서 단독정부와 혼합정부 중 어느 쪽이 나은지 논란이 많지만 사실 해답은 간단하다.
단독정부는 단독이라는 점 자체로 좋다.
하지만 행정권이 입법권의 지배 아래 있지 않을 때, 다시 말해 '주권자'의 대리인으로서 역할을 위임받은 '군주'보다 '국민'을 다스리는 통치자로서의 '군주' 역할이 커질 때는 '정부'의 힘을 분산시켜 이 불균형을 해소해야 한다.
그렇게 되면 군주는 국민에 대한 통치력은 약해지지 않으면서, 위임받은 대리인으로서의 선을 넘어서지 않을 수 있다.

단일정부는, 그것이 단일이라는 이유만으로 가장 좋다. 그러나 집행권이 충분히 입법권에 속해 있지 않은 경우, 바꿔 말하면 주권자에 대한 통치자의 관계가, 통치자에 대한 인민의 관계보다 강한 경우에는 정부를 분할하여 이 불균형을 바로잡아야 한다. 왜냐하면 그렇게 함으로써 그 모든 부분은 인민에 대한 권위는 감소하지 않으면서도 그 분할에 의해 각 부분은 주권자에 대해 압력이 약해지기 때문이다.

짧고 Message

한마디로 요약하자면, 통치자가 주권자의 대리인이라는 사실을 망각하고 고삐 풀린 망아지처럼 폭주하는 것을 방지하기 위해서는 시스템적인 보완이 필요하다는 말씀.

086

사회 상태에 관해

프랑스의 정치철학자 몽테스키외는 “자유란 어떤 풍토에서나 열매를 맺는 것은 아니므로, 모든 국민이 이것을 차지하지는 못한다”고 말했다.
이 말을 진리라 여겨지고, 여러 증거가 이를 뒷받침한다.
세상의 모든 정부에서 일하는 공인들은 소비할 뿐 생산하지는 않는다. 그렇다면 그들이 소비하는 건 어디에서 나올까?
그건 국가 구성원의 노동이다. 공공에서 쓰이는 필수품은 개인들인 생산하고 남은 여분에서 생겨난다. 따라서 ‘사회 상태’는 개개인이 자신이 필요한 것 이상의 수확을 가져오는 정도만 존속할 수 있게 된다.

자유란 어떤 풍토에서나 열매를 맺는 것은 아니므로, 모든 국민이 이것을 차지하지는 못한다. 몽테스키외가 세운 이 원칙은 생각하면 할수록 진리라는 느낌이 든다. 이에 반대하면 할수록 잇따라 새로운 증거가 나와서 이 원칙을 더욱 더 확실해지게 하는 결과가 된다.
세상의 모든 정부에 있어서 공인(公人)은 소비하기만 하고 아무것도 생산하지 않는다. 그럼 이 소비되는 물자는 어디서 오는 것일까? 구성원의 노동에서 온다. 공공의 필수품을 만들어 내는 것은 개개인의 잉여(剩餘)이다. 그래서 시민 상태라는 것은 사람들의 노동이 그 필요 이상의 것을 산출하는 한도에서 존속할 수 있는 것이다.

짧고 Message

공공(公共)을 움직이는 힘도, 공공에서 얻어지는 혜택도 결국 시민들의 노동에서 비롯되는 것이다.

087

각기 다른 생산성

국민 개개인이 만들어내는 노동의 초과 생산량은 세계 모든 나라가 같을 수 없다. 어떤 나라는 많고, 어떤 나라는 아주 적고, 어떤 나라는 모자랄 수 있다. 이런 차이는 토지의 비옥함이나 노동의 종류, 산물의 성질, 주민들의 노동력, 주민들의 소비 경향에 따라 달라지고 또 그 차이를 구성하는 비슷한 여러 요소들에 따라 달라진다.

이 잉여 생산물을 세계 각국 어디든지 동일하지는 않다. 어떤 나라에서는 상당히 많고, 어떤 나라에는 전혀 없고, 또 어떤 나라들에서는 반대로 부족하기도 하다. 이 관계는 토지의 풍요로움, 토지가 요구하는 노동의 종류, 그 생산물의 성장, 주민의 체력, 주민이 필요로 하는 소비의 많고 적음 및 이 관계를 구성하는 다른 온갖 유사한 관계에 의해 정해지는 것이다.

짧고 Message

모든 국가의 생산성이 다를 수밖에 없다는, 어찌 보면 당연한 주장.

088

각기 다른 정부

생산성뿐만 아니라 정부의 성격 또한 가지각색이다. 국민들로부터 세금을 더 짜내는 정부도 있고 덜 짜내는 정부도 있다. 이 차이는 세금이 세금을 걷는 대상으로부터 멀어질수록 더 무거워진다는 원칙에서 기인한다. 그래서 세금의 부담이 크고 작고의 문제는 거둬들인 세금의 양이 아니라, 세금이 낸 사람들의 손에 다시 돌아오기까지 거쳐야 하는 과정에 의해 결정된다. 국민이 아무리 세금을 적게 내더라도 자신에게 되돌아오는 일이 없다면, 결국 국민의 삶은 피폐해질 수밖에 없다.

다른 한편에서는 모든 정부가 성질이 동일하지는 않다. 매우 탐욕스러운 정부, 혹은 그렇지 않은 정부가 있다. 이 차이는, 공공의 세금은 정부가 세금 부담자들에게서 멀어지면 멀어질수록 무거워진다고 하는 다른 원칙에 입각한다. 이 부담의 경중은 과세의 양에 의해서가 아니라, 과세가 그것을 낸 사람들의 손에 돌아오기 위해 걸어야 하는 도정의 장단에 의해 측정되어야 한다.

짧고 Message

세금의 부담은 얼마를 내는지가 아니라 자신과 공공에게 얼마만큼의 혜택으로 되돌아오는지가 핵심이라는 루소의 말은, 두고두고 새겨볼 만하다.
4대강 사업, 자원외교, 보편적 복지와 선별적 복지, 무상급식과 기본소득처럼 최근 대한민국의 정치사를 떠들썩하게 만들었던 주요 이슈들이 다 같은 맥락에서 지켜봐야 할 일이기 때문이다.

089

민주정과 군주정의 차이

앞에서 주장한 논리에 따르면, 국민과 정부의 거리가 멀어질수록 세금은 무거워지는 것이다. 그래서 민주정에서는 국민의 부담이 가장 적고, 귀족정에서는 그보다 더 많으며, 군주정에서는 가장 무거운 짐을 지게 된다.

때문에 군주정은 부유한 국민들에게만 맞고, 귀족정은 부의 크기가 보통인 국가들에게, 민주정은 작고 가난한 나라들에게 알맞다. 이런 원칙을 들여다보면 자유 국가들과 군주 국가들의 차이를 발견할 수 있다.

자유 국가들은 세금을 공동의 이익을 위해 사용하지만, 군주 국가들은 공공의 목적과 사적인 욕망이 부딪혀 공존하지 못하고 결국 한쪽으로 기울게 된다. 군주정은 국민들을 행복하게 만들기 위해 통치하는 게 아니라, 국민들을 다스리기 위해 존재하기 때문에, 지속 가능한 통치를 위해 백성들을 비참하게 만들 수밖에 없는 것이다.

그러므로 인민과 정부와의 거리가 멀어질수록 조세는 무거워진다는 결론이 생긴다. 이리하여 민주정에서는 인민의 부담이 제일 가볍고, 귀족정에서는 그 부담이 많으며 군주정에서는 제일 무거운 부담을 짊어진다. 때문에 군주정은 번영을 누리고 있는 인민에게만 적합하다. 귀족정은 규모나 부에 있어서 중간 정도의 나라에 적합하고, 민주정은 가난한 작은 나라에 적합하다. 실제로 이런 것을 생각하면 할수록 자유국가와 군주국가와의 차이점을 확실히 알게 된다. 전자는 모든 것이 공동의 이익을 위해 사용되고, 후자는 공공의 힘과 개개인의 힘이 상대적이어서, 한쪽이 증가하면 다른 한쪽은 감소하게 된다.

짤고 Message

결국 주어가 누구냐의 차이다. 국민의 행복을 위해 세금을 걷어 통치하느냐, 군주의 통치를 위해 세금을 걷어 통치하느냐.

090

좋은 정부의 조건

어떤 정부가 좋은 정부인지에 대한 질문은 적절하지 않다. 각각 처한 상황이 다르기 때문이다. 하지만 어떤 국민이 잘 다스려지고 있는지 아닌지, 그 특징에 대해 묻는다면 답변이 가능하다.

이런 문제는 자신들의 입장에서 그것을 파악하기 때문에 발생한다. 국민들은 나라의 평온을, 개개인은 자유를 추구한다. 한쪽은 재산의 안전을, 다른 한쪽은 신체의 안전을 바란다. 한쪽은 엄격한 정부를 좋은 정부라 생각하고, 다른 쪽은 너그러운 정부가 좋은 정부라고 주장한다.

어떤 정부가 절대적으로 제일 좋은 정부냐고 묻는다면, 그것은 결정할 수 없는 일이므로 해결할 수 없는 문제를 제기하는 것이다. 그러나 만일 어떤 특정한 인민이 잘 통치되고 있는지, 혹은 나쁘게 통치되고 있는지를 알 수 있는 특징이 무엇인가 하는 질문이 나온다면, 그것은 별개의 일이므로, 실제적으로 답변할 수 있을 것이다.
그런데 각자 제멋대로 그것을 해결하려 하기 때문에 문제는 해결되지 않는 것이다. 인민은 공공의 평화를 개개인은 각자의 자유를 자랑한다. 전자는 재산의 안전을, 후자는 신체의 안전을 원한다. 또 전자는 좋은 정부가 가장 엄밀한 정부이기를 요구하고, 후자는 가장 관대한 정부이기를 주장한다.

짧고 Message

결국 좋은 정부를 쉽게 일반화시킬 수 없다는 얘기.

091

번영의 증거

좋은 정부의 조건은 정치적 결합의 목적을 생각해보면 알 수 있다. 정치적 결합은 구성원의 보호와 번영이다. 때문에 그들이 보호되고 번영되고 있다는 가장 확실한 근거를 찾아야 한다. 그것은 인구의 증가 수이다. 다른 곳에서 근거를 찾을 필요는 없다. 다른 것이 다 같다면, 부의 힘이나, 귀화, 식민 없이 '시민들'이 나날이 번식하고 늘어나는 나라의 정부가 두말할 나위 없이 좋은 정부이다. 국민이 줄어들고 쇠퇴하는 나라의 정부는 가장 나쁜 정부이다.

정치적 결합의 목적은 무엇일까? 그것은 그 구성원의 보호와 번영이다. 그럼 그들이 보호되고 번영을 누리고 있음을 보여주는 가장 확실한 특징은 무엇일까?

그것은 그들의 인원수이고 인구이다. 따라서 논쟁의 표적이 된 이 특징을 다른 곳으로 찾으러 갈 필요는 없다. 다른 모든 조건이 같다면, 외부로부터의 방책·귀화(歸化)·식민 등에 의존하지 않고 시민이 더 번식하며 증가해 가는 정부야말로 가장 좋은 정부이다. 또 인민의 수가 감소하고 쇠진해 가는 정부는 가장 나쁜 정부이다.

짧고 Message

발표할 때마다 최저치를 경신하는 우리나라의 결혼율, 출산율을 생각하면...

092

정치집단의 슬픈 속성

언제나 일반의지와 반대로 작용하는 개별의지처럼, 정부는 늘 주권에 대항하기 위해 노력한다. 이 노력이 커질수록 국가 시스템은 점점 무너진다. 그렇게 되면 군주의 의지를 제어하며 균형을 유지하는 단체의지가 소멸되어, 단기간 내에 군주가 주권자를 압박해 사회계약을 파기할 때가 오기 마련이다.

사람이 늙고 죽음에 이르면 육체가 파괴되는 것이 어쩔 수 없는 이치인 것처럼, 정치집단이 주권자에 대항하며 사회계약을 파괴하려 하는 건, 어쩔 수 없이 내재하고 있는 슬픈 속성이다.

개별의지가 일반의지에 대항하여 작용하는 것과 마찬가지로, 정부는 끊임없이 주권에 대항하려고 애쓴다. 이 노력이 증대함에 따라 국가 조직은 더욱더 악화된다. 그리고 그 경우, 통치자의 의지에 저항하여 그것과 균형을 유지하는 단체의지는 달리 존재하지 않으므로, 머지않아 통치자가 마침내 주권자를 압박하여 사회계약을 파기할 때가 올 것이 틀림없다.

짧고 Message

서로 반대의 길을 갈 수밖에 없는 일반의지와 개별의지의 숙명처럼, 주권자와 통치자도 반대의 길을 갈 수밖에 없다는 슬프지만 인정할 수밖에 없는 사실.

093

국가가 해체되는 상황

국가의 해체는 두 가지 방식으로 진행된다.

첫째는 군주가 법률에 따라 국가를 다스리지 않고 주권을 빼앗는 경우이다. 이때 생기는 엄청난 변화는 정부는 그대로 있고 국가만 축소되기 때문에 발생한다. 달리 말하면, 기존의 큰 국가가 해체되고 그 안에 다른 국가가 생겨나는 셈이 된다. 새로 생겨나는 국가는 '정부'의 구성원으로만 이루어져, 나머지 일반 국민들에게는 이미 지배자나 폭군 이외에는 아무런 의미를 가지지 않는다.

'정부'가 주권을 가로채면 사회계약은 깨어지고, 일반 '시민들'은 당당한 권리를 가지고 자연 상태의 자유인으로 돌아가게 된다. 이때 폭군은 복종을 강요하겠지만, 그럴 의무는 없어진다.

둘째는 정부의 구성원이 공적 권력을 사적으로 사용할 때이다. 이것 역시 큰 혼란을 야기하는데, 정부 구성원의 수만큼 군주가 생기는 꼴이 되어, 국가는 망하거나 형태를 바꾸고 만다.

국가가 해체되는 데는 두 가지 경우가 있다. 첫째로 통치자가 법률에 따라 국가를 다스리지 않고 주권을 빼앗는 경우이다. 그때는 현저한 변화가 이뤄진다. 왜냐하면 정부가 축소되는 것이 아니라 국가가 축소되기 때문이다. (중략) 따라서 정부가 주권을 탈취하자마자 사회계약은 깨어지고, 일반 시민은 당연히 그들의 자연적 자유에 복귀하여, 복종을 강요당하기는 해도 의무지워지지는 않게 된다.

둘째로, 정부의 구성원이 단체로만 행사해야 할 권력을 개별적으로 탈취하는 경우에도 이 같은 일이 생긴다. 이것도 역시 명백한 법률 위반이며, 그리고 이것이 일으키는 혼란은 더욱 크다.

짧고 Message

국가가 폭망하는 두 가지 이유. 왕이 폭주하거나 그 신하가 폭주하거나.
결국 그 나물에 그 밥이다.

094

무정부 상태의 경향

국가가 해체될 때는 정부의 폐단이 무엇이건 간에 무정부 상태라는 명칭을 갖게 된다. 성격에 따라 구분하자면 민주정은 중우정치*(이성보다 일시적 충동에 의하여 좌우되는 어리석은 대중들의 정치)*로, 귀족정은 과두정치*(적은 수의 우두머리가 국가의 최고 기관을 조직하여 행하는 독재적인 정치체제)*로, 군주제는 폭군정치로 변질된다. 폭군이란 정의나 법률을 무시하고 포악하게 다스린다는 왕을 말한다.

국가가 해체될 경우 정부의 악폐는, 그것이 어떤 것이든 '아나키(무정부 상태)'라는 공통된 이름으로 불린다. 이것을 구분하면, 민주정은 '중우(衆愚)정치'로, 귀족정은 '과두(寡頭)정치'로 타락한다. 덧붙이면, 왕정은 '참주정치'로 타락한다고 말할 수 있지만, 이 말은 애매하여 설명이 필요하다. 통속적인 의미로 참주(tyram)란 정의와 법률을 무시하고 폭력으로써 지배하는 국왕이며, 보다 정확한 의미로는 아무런 권리 없이 왕권을 가로채는 개인을 말한다.

짧고 Message

정치체제별로 간단하게 정리한 폭망 상태.
만약 우리나라의 정치가 중우정치나 과두정치의 경향을 보이고 있다면, 새로운 모멘텀 내지는 혁신적 변화가 필요하다는 의미이기도 하다.

095

사람과 정치체제의 차이

사람의 몸과 마찬가지로 정치체도 생겨나면서부터 죽어가기 시작한다. 그 자체에 파괴의 원인을 지니고 있기 때문이다. 사람이나 정치체제나 체질이 있어 더 튼튼하거나 덜 튼튼할 수 있다. 사람의 체질은 자연이 만들고, 국가의 체질은 사람의 능력이 만든다. 사람의 목숨을 연장하는 일은 사람에게 달려 있지 않지만, 국가의 존폐를 연장시키는 일은 사람들에게 달려 있다.
세상에 영원불멸한 국가는 없듯이 아무리 좋은 체제를 가지고 있어도 결국에는 멸망하겠지만, 뜻하지 않는 사고가 멸망을 앞당기지만 않는다면 좋은 체제를 가진 나라는 다른 나라보다 오래 존속될 것이 분명하다.

정치체는 인간의 신체와 마찬가지로 태어났을 때부터 죽어가는 것이며, 그것은 자체 속에 파괴의 원인을 간직하고 있다. 그러나 정치체와 신체는 다같이 체제에 강약이 있어, 그것에 따라 그 존속 기간이 길고 짧음이 있을 수 있다.
아무리 좋은 제도를 가진 국가라도 결국에는 멸망하겠지만, 뜻밖의 사건이 갑작스러운 멸망을 가져오지 않는다면 좋은 제도를 가진 국가는 다른 국가보다도 더 오래 존속할 것이다.

짧고 Message

불로장생의 욕망이 의학의 발전에 기여한 것처럼, 더 나은 세상에 대한 욕망은 반드시 더 나은 세상을 만들어내는 데 기여하기 마련이다.

096

정치 생명의 근간, 주권

정치 생명의 근간은 '주권'에 있다. 입법권은 국가의 심장이고, 행정권은 국가를 살아 움직이게 하는 뇌수이다. 뇌수는 마비될 수 있지만, 사람은 바보가 되어도 살 수 있기 때문에 생명은 유지할 수 있다. 그러나 심장이 제 기능을 멈추면 생명은 멈춘다.

이처럼 국가가 존속하고 유지될 수 있는 것은 법률 때문이 아니라 바로 입법권 때문이다.

어제의 법률은 결코 오늘을 규정할 수 없다. 오늘 주권자가 침묵하고 있는 것은 법률을 암묵적으로 인정하고 있다는 의미이다. 반대로 말하면 언제든지 법률을 폐지할 수 있는 주권자가 인지하고 있음에도 불구하고 법률을 폐지하지 않고 있다는 건 법률이 주권자의 손에 달려 있다는 말이다.

11. 정치체제의 멸망에 대해

정치체의 생명의 원천은 주권에 있다. 입법권은 국가의 심장이고, 집행권은 모든 부분에 운동을 주는 국가의 뇌수이다. 뇌수가 마비되어 버려도 개인은 여전히 존재할 수 있다. 바보다 되어도 목숨은 이어진다. 그러나 심장이 기능이 정지함과 동시에 동물을 죽어 버린다.

국가는 법률에 의해 존속하고 있는 것이 아니라, 입법권에 의해 존속하고 있는 것이다. 어제의 법률은, 오늘은 강제력을 잃는다. 그러나 침묵은 암묵의 승인을 의미한다. 주권자가 법률을 폐지할 수 있는데도 그것을 폐지하지 않는 경우에는, 그는 끊임없이 그 법률을 확인하고 있는 것으로 간주된다.

짤고 Message

다시 한번, 대한민국 헌법 제1조항 1항을 기억하자.
모든 권력은 (주권자인) 국민으로부터 나온다.

097

진정한 주권자의 힘

주권자의 힘은 오직 입법권에 있기 때문에 법에 의해서 행동할 때 힘을 가질 수 있다. 법이란 일반의지의 정당한 결의이므로, 모였을 때 그 힘이 극대화된다.
정신적인 것으로 이룰 수 있는 건 우리의 생각보다 크다. 하지만 이를 제한하고 있는 건 우리의 나약함과 악덕, 편견이다. 어리석은 사람은 인간이 위대함을 믿지 않는다. 노예근성에 찌든 사람은 자유라는 말을 믿지 못한다.

주권자는 입법권 이외의 어떤 힘도 가지지 않으므로, 법에 의에서밖에 행동하지 못한다. 더구나 법은 일반의지의 정당한 적용이기 때문에, 인민은 집회했을 때만 주권자로서 행동할 수 있는 것이다. 정신적인 일에 있어서, 가능성의 한계는 우리가 생각하는 것만큼 한정되어 있는 것이 아니다. 한계를 좁히고 있는 것은 우리들의 나약함·악덕·편견이다. 비열한 인간은 위대한 인물이 있다는 것을 결코 믿지 않는다. 천한 노예는 '자유'라는 말을 듣기만 해도 비웃는다.

짧고 Message

루소의 절절한 외침이 들리는 듯하다.
"깨어나라, 주권자여!"
"각성하라, 시민이여!"

098

위대한 로마의 진짜 힘

로마 공화국은 위대한 국가고, 로마시는 위대한 도시다. 무기를 가진 40만의 시민이 로마에 있었고 예속민, 외국인, 여자, 어린이, 노예를 제외하고도 4백만 이상의 시민이 있었다.
하지만 로마는 집회를 소홀히 하지 않았다.
집회가 없는 주는 거의 없었고, 필요하다면 일주일에 몇 번이나 모여 집회를 가졌다. 그 결과 로마인은 주권자로의 권리는 물론 정부의 여러 권리에도 관여할 수 있었다.

로마 공화국은 위대한 국가였고, 로마시는 위대한 도시였다고 생각한다. 최후의 인구조사에서 무기를 가진 40만의 시민이 로마에 있었다. 또 예속민·외국인·여자·어린이·노예를 제외하고 4백만 이상의 시민이 있었다.
이 수도(로마)와 그 주변의 수많은 인민이 자주 집회를 가지는 것은 얼마나 어려운 일이었을까 하고 상상할 것이다. 그런데 로마의 인민이 집회를 하지 않았던 주는 거의 없었고, 일주일에 몇 번이나 집회를 가졌었다. 로마의 인민은 주권자로서의 권리뿐 아니라, 정부의 여러 권리 중 일부도 행사했다.

짧고 Message

그렇다. 우리가 알고 있는 그 로마의 명성은 결코 하루아침에 이루어지지 않았다.

099

정기집회의 필요성

국민이 모여 법률을 인준해 국가 헌법을 정했다고 해서 모든 게 끝나는 것은 아니다. 지속 가능한 정부를 세우거나 행정관들에 대한 선거 방법을 마련했다고 해도 사정은 마찬가지다. 비상시를 위해 필요한 임시 집회 외에도, 그 누구도 중단하거나 연기할 수 없는 정기집회가 필요하다. 다시 말해 어떤 소집 절차 없이도 정해진 날에 법에 의해 합법적으로 소집될 수 있는 집회가 필요하다.

인민의 집회가 일련의 법률을 승인함으로써 국가의 헌법이 정해졌다고 그것으로 충분하다고는 말할 수 없다. 또한 영구적인 정부를 설립하거나 단 한 번씩 행정관의 선거 방법을 마련했다고 해서, 그것으로 충분하다고 말할 수 없다. 뜻밖의 사태가 발생하면 필요로 하는 특별한 집회 외에, 누구도 폐지할 수 없고 연기 할 수 없는 정기적인 집회가 필요하다. 즉 인민이 일정한 날에 법에 의해 합법적으로 소집되며, 그러기 위해서는 특별히 다른 어떤 소집 절차도 필요로 하지 않는 집회이다.

짧고 Message

권력의 부패를 막는 가장 좋은 방법은 정치인들이 국민의 주권 행사를 일시적인 이벤트로 인식하지 못하게 하는 것이다.

100

주권은 나눠질 수 없다

정부의 크기가 크면 클수록 주권자도 그만큼 자주 자신의 의지를 표명해야 한다. 하지만 많은 도시가 있는 경우에는 어떻게 해야 할까?
주권을 나누어 가져야 할까, 아니면 주권을 하나의 도시에 집중시키고 나머지 도시를 예속시켜야 할까?
어느 쪽도 정답이 아니다. 왜냐하면 주권은 단일해 파괴하지 않고는 가를 수가 없고, 하나의 도시도 독립된 국가처럼 다른 도시에 예속될 수 없기 때문이다.

국가가 많은 도시를 거느리고 있는 경우에는 어떻게 해야 할까? 그때는 주권을 분할해야 할까, 아니면 주권을 단 하나의 도시에 집중시키고, 다른 모든 것을 거기에 종속시켜야 할까 물을지도 모른다.
어느 쪽도 좋지 않다고 나는 대답한다. 첫째로, 주권은 단일하며, 그것은 분할할 경우 파괴하지 않고서는 넘기지 못한다. 둘째로, 하나의 도시는 하나의 국민과 마찬가지로 다른 도시에 합법적으로 종속시키지 못한다.

짤고 Message

주권은 어떤 상황에서도 분할할 수 없다. 주권은 분할하는 순간 그건 주권으로서의 가치와 의미를 상실하기 때문이다.

101

수도 순환제

여러 도시를 단 하나의 도시 국가로 합치는 것은 또 하나의 정부를 만드는 일이며, 거기에서 발생하는 폐단을 막을 방법도 사실 없다.
하지만 국가를 줄이지 않고 해결할 방법이 있다. 그건 수도를 한곳에 두지 말고, 각 도시에 번갈아 정부를 두어 국회 역시 차례로 거기에서 여는 것이다.
국토에 사람이 골고루 살게 하고, 곳곳에 같은 권리들을 주고, 풍요로움과 생명도 고르게 배분하는 것이다. 그래야만 국가는 가능한 한 잘 다스려지게 될 것이다.

국가를 적당한 한계에까지 축소하는 일이 불가능하더라도 하나의 방법이 남겨져 있다. 그것은 수도를 인정하지 않는 일이다. 즉 정부의 소재지를 각 도시에 번갈아 옮기고, 회의를 그곳에서 여는 것이다. 국내의 인구를 평균하여 국토의 곳곳에 동일한 권리를 정한 다음 그곳에 부와 생명이 모여들도록 하는 것이 좋다. 그러면 국가는 가장 강해지는 동시에 가장 잘 통치될 것이다.

짧고 Message

수도 순환제는 차치하더라도, 대선 정국마다 단골로 등장하는 수도 이전 문제는 이제 좀 결실을 맺어야 하지 않을까?

102

합법적 집회의 중요성

국민이 주권 집단으로서 합법적으로 모이게 되면, 그 순간 정부의 재판권은 정지되고, 행정권은 중지되며, 하층민의 신체도 고위 행정관의 몸과 같이 신성불가침한 것이 된다. 왜냐하면 대표를 만드는 이가 그곳에 있게 되면, 이미 대표자라는 의미는 존재할 필요가 없기 때문이다.

인민이 주권을 지닌 단체로서 합법적으로 집회를 가짐과 동시에 정부의 재판권과 집행권이 중지되어, 최하층 인민의 신체도 최상급 행정관의 신체와 마찬가지로 신성불가침한 것이 된다. 왜냐하면 대표되는 자가 스스로 나가 있는 곳에서는 이미 대표자는 존재하지 않기 때문이다.

짧고 Message

반복해서 하는 말이지만, 주권자로서 자신의 권리는 적극적인 정치 참여를 통해 획득할 수 있다.

103

시민의 한계

군주가 진짜 권력자(주권자)를 인정하거나 인정해야만 하는 권한 정지 기간은 늘 군주들에게 무서운 존재였다. 또한 정치집단의 최대 무기이자 정부의 제어 기간인 국민 집회는 어느 시대에나 군주들이 가장 두려워하는 바였다.
때문에 군주들은 시민들이 집회를 열지 못하도록 당근과 채찍을 병행하며 압박했다. 백성들은 욕심도 많고 비겁한데다가 소심하기까지 하다. 게다가 자유보다는 무사안일을 더 좋아해, 정부의 회유책을 견뎌내지 못한다.
정부의 이런 노력은 점점 힘을 더하게 되고, 결국 주권도 사라지고 도시국가로 형태를 완성하기 전에 몰락해버리고 만다.

통치자가 실제적인 권력자를 인정하거나 혹은 인정해야 하는 이 권한 정기 기간은, 항상 통치자에게 무서운 존재였다. 또 정치체의 방패요 정부의 제어기관인 이 인민의 집회는, 어느 시대에도 통치자들이 두려워하는 바였다. 때문에 그들은 시민들이 이러한 집회를 열지 못하게 온갖 배려와 반대, 방해와 감언(甘言)을 아끼지 않았다. 인민이 탐욕스럽고 나태하고 소심해서 자유보다도 평안을 좋아할 때는, 증가하는 정부의 힘에 오래 견디지 못한다. 그래서 (정부 측의) 압력이 끊임없이 증가함에 따라 주권은 결국 소멸한다. 또 도시국가의 대부분이 그 수명을 다 채우지 못한 채 몰락하고 만다.

짧고 Message

맞다. 권력자가 가장 두려워하는 건 백성이 '시민'으로서 각성하는 것이다.

104

잘 되는 국가와 안 되는 국가

제대로 세워진 국가일수록 시민들은 자기 자신의 일보다 공적인 일을 중요시한다. 심지어 사적인 일이 불필요한 일로 여겨지기도 한다. 왜냐하면 공동의 행복이 사적인 행복의 많은 부분을 해결해주기 때문에, 따로 찾아야 할 것이 줄어들기 때문이다.

제대로 운영되고 있는 도시국가에서는 누구든 자발적으로 집회에 참석하지만, 나쁜 정부에서는 집회에 참석하는 것을 꺼린다. 왜냐하면 거기에서는 일반의지가 통하지 않을 것을 알기 때문에 거기에서 벌어지는 일에 관심도 없어져, 자기 자신의 일을 챙기기에 바쁠 뿐이다.

국가가 잘 조직될수록 시민은 사적일 일보다 공적인 일을 중요시한다. 사적인 일은 공적인 일보다 그 중요성이 훨씬 떨어진다고 말할 수 있다. 왜냐하면 공통의 행복이 각 개인의 행복에 보다 큰 부분을 제공하게 되므로, 개인이 개별적인 배려에 대해 구해야 하는 것은 보다 적어지기 때문이다. 잘 운영되고 있는 도시국가에서는 누구든지 집회에 자진하여 참석하지만, 나쁜 정부 아래에서는 집회에 참석하기 위해 움직이는 것을 좋아하지 않는다. 왜냐하면 거기서 행해지는 일에 누구도 관심을 갖지 않고, 거기서는 일반의지가 지배하지 않을 것이 마지막 예견되며, 또 마지막으로 자기 집 일을 하느라고 분주하기 때문이다.

짧고 Message

국민들이 국가에서 벌어지는 정치적 이벤트에 점점 관심을 잃어간다면, 그건 안 되는 국가라는 증거이다.

105

대표할 수 없는 대표자

앞에서 주권은 양도될 수 없음을 언급했는데, 같은 이유로 주권은 대표될 수도 없다. 주권은 본질적으로 일반의지로 구성되기 때문에, 일반의지 자체이거나 일반의지가 아닐 뿐이지, 그 중간이란 있을 수 없다. 그리고 그 무엇도 일반의지를 대체할 수 없다.

따라서 국민의 대의원들은 일반의지의 대표자들이 아니며, 또 그럴 수도 없다. 그들은 단지 위임자들에 불과하다. 때문에 그들은 아무것도 결정해서 확정 지을 수 없고, 국민이 인준하지 않은 법률은 다 무효이다.

사실 '대표자들'이라는 말은 요즘에 생겨난 것인데, 인간이라는 이름을 쓰기가 부끄러울 정도로 낙후된 봉건 정부에서 나온 말에 불과하다.

주권은 이양될 수 없다는 것과 동일한 이유로 인해 주권은 대표될 수도 없다. 주권은 본질적으로 일반의지 속에 존재한다. 더구나 일반의지는 그 자체이거나 아니면 다른 것이기 때문에, 거기에 중간이란 결코 없다. 따라서 인민의 대의원은 일반의지의 대표자가 아니며, 대표자일 수도 없다. 그들은 고용인일 뿐이다.
대표라는 개념은 근세에 생긴 것이다. 그것은 봉건정치에, 즉 인간이 타락하고 인간이라는 이름이 치욕 속에 있었던 그 더럽고 어처구니없는 정치에 유래하고 있다.

짧고 Message

원래 본질은 그런 것이다.
대체될 수도, 양도될 수도, 결코 누군가에 의해 대표될 수도 없는... 그런 것이다.

106

입법권과 행정권의 차이

일단 법이 세워지면 그다음에는 행정권을 세워야 한다. 행정권은 입법권과 달리 본질에 관련되어 있는 것이 아니라, 개별적이고 사사로운 행동에 대한 것이라, 입법권과는 성격이 다르다. 만일 주권자가 행정권을 갖게 되면, 권리와 사실이 혼동되어, 무엇이 법이고 무엇이 법이 아닌지 알 수 없게 된다.

입법권이 확립되면, 그 다음에 문제되는 것은 같은 방법으로 집행권을 확립하는 일이다. 왜냐하면 후자는 개인적인 행위에 의해서만 작용하는 것으로서 입법권의 본질을 이루는 것은 아니며, 그것과 별개의 것이기 때문이다. 만일 주권자가 집행권을 가진다면 권리와 사실이 혼동되어, 법과 법이 아닌 것을 구별하지 못하게 될 것이다.

짤고 Message

성격도 다르고 다소 무리한 주장일 수 있지만, 기업에서 오너(owner)와 월급사장(ceo) 관계 정도의 느낌으로 이해하면 될 듯싶다.

107

국민과 통치자의 관계

시민은 사회계약에 의해 모두 평등하다. 누구든 자신이 할 일을 결정할 수 있고, 아무도 자기 자신이 하지 않는 일을 남에게 요구할 권리는 없다. 그런데 주권자가 정부를 세워 통치자에게 주는 것은 자기가 하지 않는 일을 남에게 요구하는 '권리'인데, 이건 정치체가 살아 움직이게 하는데 없어서는 안 될 권리인 것이다.

이 설립 행위를 국민과 국민이 세운 통치자 사이의 계약이라고 주장하는 사람들도 있다. 한쪽은 명령하고 다른 한쪽은 복종하기로 약속하는 계약으로 말이다.

16. 정부의 설립은 결코 계약이 아니다

시민은 사회계약에 의해 모두 평등하므로, 누구든지 각자 해야 할 일을 결정할 수 있다. 그러나 누구든 그 자신이 하지 않는 일을 남에게 하라고 요구할 권리는 없다. 그런데 주권자가 정부를 설립하여 통치자에게 주는 것은 바로 이 '자기가 하지 않는 일을 남에게 하라고 요구하는' 권리이고, 그것은 정치체에 생명과 활력을 주기 위해 불가결한 것이다.

많은 사람들은 정부의 설립 행위를 인민과 인민의 지배자와 맺은 하나의 계약이라고 주장했다. 즉 한쪽은 지배할 의무를 가지고, 다른 쪽은 복종하는 의무를 가진다는 조건을 두 당사자 사이에 전하는 계약이라고 말한다.

짧고 Message

선거는 자기가 하지 않는, 통치 따위의 하찮은 일을 통치자에게 주는 행위이다.

108

유일무이한 약속, 사회계약

국민이 어떤 특정한 사람과 체결한 이 계약은 하나의 개별적인 행위이지 절대 본질적인 것이 아니다. 따라서 이 계약은 법일 수도, 주권 행위일 수도 없다. 다시 말해 비합법적인 행위이다.
국가에는 단 하나의 계약밖에 없다. 그건 사회계약이다. 이 계약이 존재함으로 다른 계약은 모두 배제된다. 사회계약 외에 어떤 공적인 계약도 상상할 수 없다.

인민과 어떤 특수한 개인과의 이 계약은 개별적인 행위임에 명백하다. 따라서 이 계약은 법도 아니고, 주권의 행위일 수도 없는 셈이 되며, 그 결과 비합법적이라는 결론이 나온다.
국가에는 단 하나의 계약밖에 없다. 이 계약만으로 다른 모든 것은 배제된다. 그렇기 때문에 전자-사회계약-를 파괴하지 않는 다른 어떤 공공의 계약도 결코 생각할 수 없을 것이다.

짧고 Message

그렇다. 이 책의 제목은 사회계약론이다.

109

정부와 통치자

정부를 세우는 일은 어떻게 이해돼야 하는가?
나는 이 행위가 두 가지 다른 행위, 다시 말해 법의 제정과 법의 집행으로 이뤄지는 복합적인 행위라고 말하겠다.
첫째 행위를 통해 주권자는 이러저러한 형태로 한 정부 집단을 규정하는데, 이 행위는 명백히 법에 의한 것이다.
둘째 행위를 통해 국민은 세워진 정부를 맡을 통치자를 임명한다. 앞에서도 말했듯이 이 임명은 하나의 개별적 행위여서 또 다른 법이 아니라 첫째 법의 연장선상에 있으며, 정부의 하나의 기능에 해당한다.

그럼, 정부를 설립하는 행위를 어떤 사상으로 생각해야 할까? 나는 우선 그 행위를 복합적이며, 다른 두 가지 행위로 이루어지는 데 주의하고자 한다. 즉 법의 제정과 법의 집행이다.
첫 번째 행위에 의해 주권자는 이러이러한 형태 아래의 정부가 설립되어야 한다는 것을 정하는데, 이 행위가 법인 것은 명백하다.
두 번째 행위에 의해 인민은 설립된 정부를 맡을 수 있는 통치자를 임명한다. 그런데 이 임명은 개인적인 행위이므로, 두 번째 법이 아니라 단지 첫 번째 법의 계속이며, 하나의 기능이다.

짤고 Message

주권자가 법에 근거해 규정하는 것이 정부이고. 그 정부의 운영을 위해 국민이 개별적인 행위로 임명하는 것이 통치자이다.

110

정부의 역할

앞에서도 여러 차례 말했지만, 정부를 세우는 행위는 계약이 아니라 하나의 법이다. 행정권을 맡은 자들은 국민의 윗사람이 아니라 국민의 공적인 심부름꾼이며, 국민은 원하는 시기에 그들을 임명하고 면직시킬 수 있다. 그들에게 일에 대한 개인적 판단 따위는 전혀 필요가 없으며, 단지 그들의 행위는 시민의 의무를 다하는 것 정도로 보는 것이 타당하다.

정부를 만드는 행위는 결코 계약이 아닌 하나의 법이며, 집행권을 맡은 사람들은 결코 인민이 주인이 아닌 그 공복(公僕)이라는 것, 인민은 마음대로 그들을 임명하고 또 해임할 수 있으며 그리고 그들이 국가에서 부과된 직무를 맡고 있는 것은 시민으로서의 의무를 다하는 것이며, 그 조건에 관해 이렇다저렇다 말할 권리는 전혀 없다는 것이다.

짧고 Message

행정관이 국민의 심부름꾼이라는 주장은 선거 때 후보자들의 주요 레퍼토리로 사용된다. 문제는 선거가 끝난 후, 그것도 아주 짧은 기간 안에 이 주장이 소멸된다는 점이다.

111

통치자의 장난질

국민이 세운 정부는 다른 형태를 지시할 마음이 생길 때까지 유지되는 하나의 잠정적인 형태이다. 잠정적인 형태이긴 하지만, 공공의 이익에 반하지 않는 한 쉽게 정부를 건드려서는 안 된다는 것도 사실이다.

이런 점을 악용해 통치자의 장난질이 시작된다. 국민의 의지와 반대로 자산의 권력을 유지하면서 국민의 권리를 침해하지 않은 것처럼 보이는 것이다.

통치자들에게 주어진 권리만 사용하는 것처럼 가장하면서 권력을 확장하고, 공공의 안전을 구실로 인민의 집회를 방해하는 일은 쉽기 때문이다.

정체의 변경은 항상 위험하며, 공공의 이익과 양립할 수 없게 된 경우에는 기존의 정부에 손을 대서는 안 된다는 것은 진실이다.
그런데 이 (정체의 변경에 신중해야 한다는) 의무에서 통치자는 큰 이익을 끌어낸다. 즉 인민의 의지를 어기고 권력을 보전하면서 인민의 권리를 가로챘다고는 말할 수 없게 하는 것이다. 왜냐하면 주어진 권리만을 사용하고 있는 것처럼 가정하면서 실제로는 권리를 확장하고, 공간을 구실로 하여 질서를 회복하기 위한 인민의 집회를 방해하는 것은, 통치자로서는 매우 쉬운 일이기 때문이다.

짤고 Message

공공의 안전을 명분으로 국민의 목소리와 권리를 억압하고 제어하는 것, 또 정부가 그런 행태를 만드는 것을 공안정국이라 지칭한다.

112

다시, 집회의 필요성

앞에서 말했던 정기적 집회는 이런 통치자의 폭거와 거기에서 오는 불행을 막거나 지연시키는 데 가장 적당한 방법이다. 그 집회가 어떤 소집 절차도 필요 없을 때는 더더욱 그러하다. 통치자가 위법을 당연시하고, 국가의 시스템을 파괴하는 자임을 인정하지 않고서는 이런 정기집회를 막아낼 수 없기 때문이다.

내가 앞에서 말한 정기적 집회는 이 불행을 막거나, 혹은 그것을 지연시키는 데 적당한 방법이다. 그 집회를 가지는 데 소집 절차를 필요로 하지 않는 경우에 특히 그렇다. 왜냐하면 그때 통치자가 그 집회를 방해하면, 그는 법률의 침해자이고 국가의 적임을 공공연하게 선언하는 셈이 되기 때문이다.

짧고 Message

대한민국 최초의 대통령 직선제, 헌정 사상 초유의 대통령 탄핵이 민주주의를 열망하는 시민들의 지속적인 집회를 통해 완성되었음을 명심하자.

113

정당한 집회가 담보해야 할 것

집회는 반드시 사회계약의 유지를 목적으로 개최되어야 한다. 그리고 두 가지 제안이 각각 투표에 붙여져야 한다.
첫 번째 제안: 주권자는 현재의 정부 형태가 유지되기를 바라는가.
두 번째 제안: 국민은 정부의 행정을 지금 정부를 맡은 자들에게 계속 맡겨 두기를 바라는가.
사실, 국가에는 폐기될 수 없는 어떤 기본법도 없다. 심지어는 사회계약도 마찬가지이다. 만약 온 시민이 모여 만장일치로 사회계약을 깨뜨리기도 합의를 한다면, 그걸 막을 도리는 어디에도 없기 때문이다.

사회계약의 유지라는 것 외에 어떤 목적도 갖지 않는 이 집회는 개회할 때 항상 다음과 같은 두 가지 안을 제출해야 한다. 이것을 결코 생략할 수 없다. 그리고 이 두 가지는 따로따로 투표에 회부해야 한다.

제1의 안-주권자는 정부의 현재의 형태를 보전하고 싶다고 생각하는가.
제2의 안-인민은 현재 행정을 맡고 있는 사람들에게 앞으로도 그것을 맡기고 싶다고 생각하는가.

짤고 Message

집회의 정당성은 그것이 정말, 순순히, 절대적으로 공공의 목적으로 개최될 때 담보될 수 있다. 공공의 목적을 명분으로 삼아, 집단이기주의 발현으로 개최된 집회는 결코 정당화될 수 없다.

제4편

114

공공의 힘

사람들이 모여서 스스로 한 덩어리라고 생각한다면, 그들에게는 공공을 보존하고 전체의 안락에 부합되는 단 하나의 의지만 남게 된다. 이럴 때 국가 모든 기관은 단순해지고 힘이 넘치며, 국가의 정책은 분명해진다. 국가 내에 서로 얽히거나 모순된 이해관계는 존재하지 않게 되고, 공동의 행복이 여러 곳에 드러나 누구나 그것을 알아볼 수 있게 된다.

많은 인간이 결합하여 일체를 이루고 있다고 스스로 생각하고 있는 한, 그들은 공동의 보존과 전원의 행복에 관련이 있는 단 하나의 의지밖에 가지고 있지 않다. 그때는 국가의 모든 원동력은 강력하고 단순하며, 국가의 격률은 명확하고 광채를 내뿜게 된다. 이해의 혼란과 모순은 전혀 없다.

짤고 Message

국가든, 사회든, 단체든 모두가 같은 곳을 바라볼 때 그 힘이 극대화된다는 건 만고불변의 이치다.

115

국가 폐망의 징후

하지만 사회에 균열이 발생해 국가가 약해지기 시작할 때, 다시 말해 공공의 이익보다 개인의 이익이 우선시되며 작은 사회의 조직들이 큰 사회의 조직들에 영향을 미치기 시작하면 공동 이익은 힘을 잃게 된다. 이렇게 되면 투표에서 전원일치는 있을 수 없게 되고, 일반의지는 이미 전체의 의지가 아니게 된다. 대립과 논쟁이 빈번하게 발생하고, 작은 의견도 논쟁에 휘말리게 된다.
멸망 직전의 국가는 이런 모습을 갖게 된다. 국가라는 이름은 허울뿐인 형태로만 남게 되고, 마음속에서 사회의 모든 유대관계가 끊어지며, 자신의 사리사욕이 공익이라는 거룩한 이름의 탈을 쓰고 자행된다. 일반의지는 껍데기로만 남아 있고, 모두가 '시민'의 소임을 버리고 개인의 이익만을 목적으로 하는 부당한 법령들을 '법률'이라는 명분으로 통과시키게 된다.

그러나 사회의 매듭이 느슨해지고 국가가 약해지기 시작하면, 또 개인적인 이해가 고개를 쳐들고 군소집단이 큰 사회에 영향을 끼치기 시작하면, 공동의 이익은 손상당하고 그 적대자가 나타난다. 투표에서는 이제 만장일치는 볼 수 없게 된다. 일반의지가 이제는 전체의 의지는 아니게 된다. 결국에는 국가가 멸망을 앞두고 속임수의 공허한 형태로밖에 존재하지 않게 되고, 사회의 굴레가 모든 사람들의 마음속에서 파괴되어 제일 비천한 이해조차 뻔뻔스럽게도 공공의 행복이라는 신성한 이름으로 가장하게 되면 일반의지는 입을 다물어 버린다.

짧고 Message

국가건, 사회건, 시대건, 종교건 종말의 징후는 모두 유사하다.

116

불멸의 일반의지

이런 상태에 이르면 일반의지가 타락했다고 봐야 할까? 그렇지 않다. 일반의지는 여전히 순수하다. 다만 그보다 더 힘이 센 다른 의지에 막혀 있을 뿐이다. 모두가 공공의 이익과 자신의 이익을 구별하지만, 그것을 완전히 갈라놓을 수 없다는 것을 잘 알고 있다. 자기 혼자 얻은 이익이, 자기가 받는 공적인 이익보다 크다고 생각하기 때문에 벌어지는 일이다. 다시 말해 개인은 '자신만'의 이익을 더 바라고 있을 뿐, 자신의 이익을 위해 전체의 이익을 바라는 마음은 여전하다는 것이 된다. 심지어 자신의 투표권을 팔았다고 가정해도, 자신의 마음속에서 일반의지가 사라진 것은 아니고 피해버린 것이다.

1. 일반의지는 파괴할 수 없다

그렇다고 해서 일반의지가 파괴되거나 혹은 부패했다고 할 수 있을까? 아니다. 그것은 항상 존재하고 변함이 없으며 순수하다. 그러나 일반의지는 그것을 이겨내는 다른 의지에 종속되어 있는 것이다. 각자는 자기 자신의 이익을 공동의 이익으로부터 분리시켜 놓지만, 그것을 완전히 분리해 버리는 일은 불가능하다는 것을 알고 있다. 투표권을 금전으로 팔 때조차 그것에 의해 그는 자기 마음속에서 일반의지를 소멸시킨 것이 아니라, 일반의지를 피한 것이다.

짧고 Message

절대 파괴할 수 없는 절대반지처럼, 일반의지는 절대 파괴할 수 없다는 말씀. 영원불멸의 존재 일반의지, 루소 사회계약론의 핵심이다.

117

만장일치가 필요한 유일한 법

원래 만장일치의 동의를 요구하는 법은 사회계약 하나밖에 없다. 사람은 누구나 자유로운 몸으로 태어나 자기 자신의 주인이 되기 때문에, 그의 동의 없이는 어떤 구실로도 그를 억압할 수 없기 때문이다.

만약 사회계약 당시에 반대자들이 있었다고 하더라도, 그건 계약을 무효로 만드는 것이 아니라 자신을 계약에 포함되지 않게 막을 따름이다. 국가가 세워질 때 동의의 표시는 그 영토에 거주하는 것이다. 영토에 살고 있다는 것은 다시 말해 주권에 따르는 것이기 때문에, 사회계약에 반대하는 이들은 '시민들' 속에 살고 있는 외국인들인 셈이다.

그 성질상 만장일치의 동의를 필요로 하는 법은 단 하나밖에 없다. 그것은 사회계약이다. 왜냐하면 시민적 결합은 모든 것 중에서 가장 자발적인 행위이기 때문이다. 모든 인간은 태어날 때부터 자유이고 자기 자신의 주인이므로, 누구든지 그의 동의 없이는 어떤 구실로도 그를 복종시키지 못한다.

짧고 Message

다시 한번 말하지만, 이 책의 제목은 사회계약론이다.

118

일반의지와 투표

국가를 구성하는 사람들의 한결같은 의지가 일반의지이다. 그들이 시민으로서 자유로울 수 있는 건 바로 일반의지 때문이다. 어떤 법률이 국민의 집회에 상정되어 의견을 묻게 될 때, 그건 그 법률에 대해 개개인이 찬성하느냐 거절하느냐가 아니라 그 법률이 일반의지에 맞느냐 맞지 않느냐의 여부를 묻는 것이다. 각자의 의견은 투표를 통해 나타나는데, 많은 득표수가 곧 일반의지가 되는 것이다. 만약 내가 투표한 것과 반대 의견이 더 많은 득표를 했다면, 그건 내가 일반의지라고 생각한 것이 그렇지 않다는 것을 증명하게 되는 것이다.

2. 투표에 대해

국가의 모든 구성원의 변함없는 의지가 일반의지이고, 이 일반의지에 의해 비로소 그들은 시민이 되고 자유로워지는 것이다. 어떤 법이 인민의 집회에 제출될 경우 인민에게 묻고 있는, 정확하게는 그들이 제안을 가결하는가? 부결하는가? 하는 일이 아니라 그것이 인민의 의지, 즉 일반의지에 일치하고 있는가 하는 점이다. 각자는 투표에 의해 이 문제에 관한 자신의 의견을 말한다. 따라서 투표수를 계산하면 일반의지가 표명되는 것이다. 자기의 의견에 반대하는 의견이 우세를 차지했을 때는 그것은 자기가 틀렸다는 것, 내가 일반의지라고 생각하고 있었던 것이 사실은 그렇지 않았다는 것을 증명하는데 지나지 않는다.

짤고 Message

루소의 일반의지는 시대정신과 일맥상통한다. 악인이나 악법이 투표에서 이겼다면, '악'이 일반의지가 되는 셈이니 말이다.
고로, 민주주의 국가에서 시대정신이 늘 옳다는 전제는 성립할 수 없다. 당대 시대정신의 옳고 그름은 훗날 역사에 의해 평가될 뿐이다.

119

민주정의 선거

통치자와 행정관을 선출하는 방법은 두 가지가 있다. 바로, 선거와 추첨이다. 이 두 가지 모두 최근 여러 공화국에서 사용된 방법이다.
하지만 진정한 민주정치에서 행정관의 직위는 특권이 아니라, 누구에게도 강요할 수 없는 무거운 짐이다. 이 짐은 법률만이 추첨을 통해 지울 수가 있다. 추첨은 모든 사람에게 균등한 조건이며, 인간의 의지가 작용할 수도 없어, 법의 보편성을 해칠 수가 없다.

통치자와 행정관의 선출은 이미 말한 바와 같이 복합적 행위인데, 이것을 행하는 데에는 두 가지 방법이 있다. 즉 선거와 추첨이다. 이 두 가지 방법은 모두 종래에 여러 공화국에서 사용되어 왔다. 진정한 민주정에서는 행정관의 직무는 이익이 아니라 무거운 부담이므로, 이것을 어느 개인에게가 아니라 다른 개인에게 부과하는 것은 정당한 일일 수 없다. 오직 법만이 당첨자에게 이 부담을 부과할 수 있는 것이다. 왜냐하면 이 경우에는 조건은 모든 사람들에게 평등하며, 누가 당첨될 것인가 하는 것은 인간의 의지와 무관하므로, 법을 특정한 사람에게 적용하더라도 그것은 법의 보편성을 결코 해치지 않기 때문이다.

짧고 Message

국민을 위해 무거운 짐 지기를 마다하지 않는 대한민국의 정치인들, 이 어찌 존경받아 마땅하지 않은가!

120

선거와 추첨

의견, 주장, 생각, 재산이 모두 평등한 진정한 민주정에서 선거는 그 누구의 관심도 끌지 못한다. 이럴 때 추첨에 의한 선거를 하면 아무런 폐단도 발생하지 않을 것이다. 하지만 앞서도 얘기했듯이 이런 진짜 민주정체는 현실에서는 불가능하다.

선거와 추첨이 혼용된다면, 군사에 관한 일처럼 특별한 재능을 요구하는 자리는 선거로 선출하고 사법관의 일처럼 상식, 공정, 청렴이 필요한 자리들은 추첨으로 선출하는 것이 좋다. 제대로 세워진 나라에서는 이런 자질은 모든 '시민'이 다 가지고 있기 때문이다.

추첨에 의한 선거는 진정한 민주정 아래에서라면 아무런 폐단도 발생하지 않을 것이다. 거기에는 모든 습속과 재능에 있어서도, 또 격률과 재산에 있어서도 평등하므로, 선거는 거의 관심을 끌지 못할 것이다. 그러나 이미 말한 바와 같이 진정한 민주정은 결코 존재하지 않는 것이다.
선거와 추첨이 혼용되고 있을 때는 군무(軍務) 같은 재능이 필요한 지위에는 선거가 적합하다고 보아야 하며, 재판관의 직무처럼 상식·정의·결백만으로 충분한 지위에는 추첨에 따라 결정하는 것이 더 적합하다. 왜냐하면 잘 조직된 국가에서는 이 같은 자질은 모든 시민에게 공통된 것이기 때문이다.

짧고 Message

만약 유토피아가 존재한다면, 이런 방식이 가능할지도 모르겠으나...

121

로마의 구성

로마가 건설된 후의 신생국은 알바 사람들과 사비니 사람들, 외국인들로 구성됐다. 이 나라의 군대는 세 계급으로 나누어져서 3부족이라고 불렸다. 이 3부족은 저마다 열 개의 쿠리아족 지부로, 이 쿠리아족 지부는 저마다 십인조로 다시 세분화되었으며, 이들의 꼭대기에는 쿠리온, 데쿠리온이라는 우두머리를 두었다.

로마 건설 후의 신생 국가, 즉 알바인과 사비니인 및 외국인으로 구성된 건국자의 군대는 셋으로 구분되었는데, 그들은 이렇게 (셋으로) 갈라졌기 때문에 '부족'이라고 불렀다. 이 부족은 10개의 쿠리아(curia)로, 각 쿠리아는 데쿠리아로 세분되고, 그 각개에 '쿠리온', '데쿠리온'으로 불리는 우두머리가 있었다.

짧고 Message

판타지 애니메이션에 등장하는 이름처럼 생소하지만, 이 장의 이해를 위해 이름 정도는 기억하자.

122

진정한 주권자

로마에서 합법적으로 소집된 집회들을 민회라고 불렀다. 보통 로마 광장이나 연병장에서 열렸는데, 민회를 조직하는 세 가지 형태에 따라 '쿠리아'의 민회, '백인회'의 민회, '부족'의 민회로 구별되었다.
쿠리아의 민회는 로물루스가, 백인조의 민회는 세르비우스가, 부족의 민회는 호민관들이 만든 것이었다.
민회가 아닌 다른 곳에서는 어떤 법률도 인준되지 않았고, 어떤 행정관도 뽑히지 않았으며, 모든 '시민'이 쿠리아, 백인조, 부족 중 어느 하나에 등록되어 있기 때문에, 어떤 '시민'도 투표권에서 제외되지 않았다. 때문에 로마의 '국민'은 명실공히 진정한 주권자라 불릴 만했다.

합법적으로 소집된 이런 집회는 '민회(民會)'라 불렀다. 그것은 대개 로마의 광장이나 마르스의 들에서 열렸는데, 집회가 소집되는 세 가지 형태에 따라 쿠리아의 민회, 백인조의 민회, 지구의 민회 등으로 구별되었다. 쿠리아의 민회는 로물루스가, 백인조의 민회는 세르비우스가, 지구의 민회는 호민관이 만든 것이나 어떤 법률의 승인도, 어떤 행정관의 선출도 민회에서밖에 행해지지 않았다. 그리고 또 어느 쿠리아, 어느 백인조, 어느 지구에든 등록되어 있지 않은 시민은 한 사람도 없었으므로, 그 결과 모든 시민에게 투표권이 부여되었고, 로마의 인민은 명실공히 진정한 주권자였다.

짤고 Message

세계를 지배한 로마의 명성, 결국 주권자의 힘이었다.

123

막강한 민회의 힘

민회에서 하는 일은 법률을 정하고 행정관을 선출하는 일이 다가 아니었다. 로마 국민은 정부의 가장 중요한 일들을 가로채 실행하고 있었기 때문에, 유럽의 운명이 그들의 집회에서 정해지고 있었다고 말할 정도였다.

민회의 판단에 맡겨진 사항은 비단 법률과 행정관의 선출만은 아니었다. 로마 인민은 정부의 제일 중요한 권한을 빼앗아 자기 것으로 만들고 있었으므로, 유럽의 운명은 그들의 민회에서 정해졌다고도 할 수 있었다.

짧고 Message

당시 세상을 지배하던 것이 로마였다면, 그 브레인을 담당했던 것이 민회였던 셈이다.

124

상호 견제 시스템

대상들이 다양했기 때문에 집회들의 형태도 다양했다.
로물루스가 쿠리아를 만들면서 원로원은 국민이, 국민은 원로원이 견제하게 만들어 양쪽을 똑같이 지배할 속셈을 갖고 있었다.
그래서 그는 국민에게 각각에 대한 개별적인 권위를 다 인정해주면서 자신이 묵인해주던 귀족들의 힘과 부에 맞서게 했다. 그러면서도 군주정의 특성에 맞게 귀족들에게 더 많은 이득과 혜택을 주었다. 그건 귀족들의 보호를 받는 평민들의 투표수에 미치는 영향 때문이었다. '보호자'와 '피보호자'를 잘 활용한 이 제도는 인간성을 담보로 한 최고의 정책이어서, 공화정과 성격이 완전히 다른 귀족정을 공존할 수 있게 했다.
이런 시스템에서는 문제가 발생한 적도 없지만, 그 어떤 나라도 본받은 적이 없어서, 세계에서 로마만이 가진 유일한 업적이 되었다.

로물루스는 쿠리아를 제정할 때 원로원을 인민에 의해, 또 인민을 원로원에 의해 억제하고, 자기 자신은 이 양자를 똑같이 지배하려고 했다. 그래서 그는 이 형태에 의해 완전한 수효의 권위를 인민에게 주어, 그가 귀족에 대해 인정하고 있는 힘과 재산의 권위와 균형을 이루게 했다. 그러나 실상 그는 군주정의 정신에 따라 귀족에게 보다 많은 이익을 남겨 두었다. 그것은 귀족이 그들의 보호를 받고 있는 평민인 피호자의 힘에 의해 많은 투표권을 제어할 수 있었기 때문이다. 이 보호자와 피호자라는 훌륭한 제도는 정책과 인간성의 걸작이어서, 이것이 없었다면 공화정의 정신과 양립하지 않는 귀족정은 존속하지 못했을 것이다.

짧고 Message

역시 최고의 정치 시스템은 권력자가 아닌 세력과 세력 간의 견제와 균형을 통해 완성된다.

125

투표의 변천

투표를 실시하는 방법을 살펴보자. 초기 로마인들이 투표하는 방법은 그들의 풍습처럼 단순했다. 비록 스파르타보다는 덜 단순했지만, 한 명 한 명이 큰 소리로 투표를 하고, 서기 한 사람이 그것을 적어나가는 방식이었다. 부족 안에서 다수표를 얻으면 그 부족에서 표결이 되고, 부족들 사이의 다수표를 얻으면 국민의 표결이 되었다.

이런 관례는 시민들이 너무 정직해서 부정적인 의견이나 자격이 없는 인물에게 투표하는 것을 수치로 여길 때에는 문제가 없었다.

그러나 '시민'이 아닌 '국민'이 타락해 표가 돈에 팔리게 되면서 비밀투표가 도입되었다.

투표를 실시하는 방법을 살펴보면, 초기 로마인의 경우에는 그 풍습과 마찬가지로 단순했지만, 스파르타의 경우만큼 단순하지는 않았다. 각 투표자가 큰 목소리로 찬반을 외치면 서기가 차례로 기록해 갔다.

이 관례는 모든 시민이 정직하여 자기 표를 공공연하게 부정한 의견과 가치가 없는 인물에게 주는 것을 부끄럽게 여기고 있는 동안은 좋은 것이었다. 그러나 인민이 부패하여 표가 매매되기에 이르자 비밀투표가 더 적합한 것으로 여겨졌다.

짧고 Message

루소가 말하는 '시민'은 오늘날 민주사회를 유지하는 가장 중요한 힘으로 작용하고 있다.

126

제도로도 막을 수 없는 것

시민들은 투표지를 통해 자기 의견이 무엇인지 노출되지 않고도 투표를 할 수 있게 되었다. 이 투표지를 거두어 세고, 수를 비교하는 등등의 일을 위한 새로운 절차도 마련되었다. 그렇다고 해서 이 직무를 맡은 관리들의 청렴결백함을 의심받지 않은 것은 아니었다. 온갖 비리와 표의 암거래를 막기 위해 수많은 법령들이 만들어졌다. 이 법령의 수가 계속 많아진 건, 법령으로도 관리들의 비리를 막지 못했기 때문이었다.

시민들은 투표지를 배부받아 누구에게도 자기 의견이 알려지는 일 없이 투표를 할 수 있게 되었다. 또 이 투표지를 모으고 투표수를 계산하며 그 수를 비교하는 등의 일을 위해 새로운 규정이 마련되었다. 그래도 여전히 이 일을 맡은 행정관의 충성은 종종 의심을 면치 못했고 마침내 음모와 투표 매매를 방지하기 위해 많은 법령이 발표되었다. 이 법령의 수가 많았던 것은 그것이 허사였음을 말해주고 있다.

짧고 Message

부정선거에 대한 의혹은 로마시대에 이미 제기되었다.

127

군주와 시민의 중간자

국가를 구성하는 여러 요소들 사이에서 적정한 균형을 이룰 수 없거나, 서로 간의 관계가 혼란스러울 때는 하나의 특수 관직이 마련된다. 이는 다른 관직과 별개로 존재하고 정치체를 정상적으로 작동하게 하며, 군주와 국민 혹은 군주와 시민 사이에 소통을 가능케 하는 중간자적 역할을 하게 된다.

내가 '호민관직'이라 부르게 될 이 집단은 법률과 입법권의 수호자이다. 로마에서 호민관이 했던 것처럼 정부로부터 주권자인 시민을 보호하는 역할을 한다.

하지만 호민부는 도시국가의 구성 부분은 아니다. 때문에 입법권과 집행권에 관여해서는 안 되지만, 역으로 그것 때문에 권한은 보다 커진다. 호민부는 아무것도 할 수 없음에도 불구하고 모든 것을 저지할 수 있기 때문이다.

국가를 구성하는 여러 부분 사이에 정확한 균형을 이루게 할 수 없는 경우나, 또는 파괴할 수 없는 여러 가지 원인이 그런 것들 사이의 관계를 끊임없이 변하게 하는 경우에는 특별한 관직이 마련된다. 그것은 다른 관직과 일체가 되지 않고 정치체의 각 항(項)을 그 참된 관계에 되돌아오게 하며, 통치자와 인민과의 사이 또는 통치자와 주권자와의 사이에, 그리고 또 필요하다면 한꺼번에 이 두 가지 경우에 있어 연락을 만들어 내거나 또는 중간항(中間項)이 되는 것이다.
내가 '호민부'로 부르려고 생각하는 이 단체는 법과 입법권의 보유자이다.

짧고 Message
세상은 원래 겉으로 드러나지 않는 손에 의해 움직이는 것이다.

128

호민관의 제어방법

호민관은 중용의 힘으로 국가체제의 견고한 버팀목이 될 수 있다. 그러나 조금이라도 지나친 힘을 갖게 되면 위험에 빠지게 된다.

행정권의 조정자에 불과하면서 행정권을 가로채거나, 보호만 해야 할 법률을 집행하려고 하면 호민관제는 폭력적인 권력으로 타락하게 된다.

이토록 무서운 단체의 전횡을 막는 방법은 상설기관으로 두지 말고 한시적으로만 설치해 운영하는 것이다. 압도적인 힘이 고착화 돼 폐단으로 굳어질 시간을 주지 않도록 법으로 정하거나, 특별위원회를 통해 기간을 단축시킬 수도 있다.

호민부는 집행권의 조정자에 지나지 않는데 집행권을 가로채는 경우, 또 법을 보호하는 데 그쳐야 함에도 불구하고 법을 폐지하려는 경우에는 압제로 타락한다.
그토록 무서운 단체가 권력을 찬탈하지 못하도록 하는 최상의 방법은 이때까지 어떤 정부도 생각해 내지 못했던 방법으로 이 단체를 상설기관으로 하지 않고, 일정 기간을 정하여 그 동안만 설치하는 일인 것이다. 이 기간은 악페가 뿌리내릴 시간 여유가 있을 만큼 너무 길어서는 안 되므로, 법으로써 일정하게 하고, 필요에 따라 특별 위원회가 용이하게 단축할 수 있도록 규정하면 된다.

짧고 Message

목적과 행위, 존속 기간도 다르지만, 그래서 다소 무리한 비교일 수도 있지만, '힘'만을 놓고 우리나라에서 유사한 기관을 찾아본다면 과거 국정원 정도 되지 않을까?

129

법의 유연성에 관해

시시때때로 발생하는 일들에 대처하지 못할 정도로 법에 유연성이 없다면, 경우에 따라서는 법률은 해로운 것이 될 수도 있다. 그런 경우 법률은 국가의 파멸을 가져올 수도 있다. 법이 규정하는 형식과 절차는 때론 시간을 요구하지만, 세상에서 발생하는 일들은 이를 고려해주지 않는다.

또한 입법자가 전혀 예측하지 못했던 일들도 수없이 발생할 수 있기 때문에, 세상만사를 예측할 수 없다는 자각이 필요한 셈이다.

결국, 정치 제도들이 안착되기를 바라는 마음 때문에, 그 효력을 정지시키는 힘까지 버려서는 안 되는 것이다.

법에 유연성이 없으면 일이 벌어졌을 때 법이 이것에 적응하지 못하고, 어떤 경우에는 해를 끼쳐 위기에 빠진 국가를 파멸시킬 수도 있다. 형식의 (원하는) 질서와 완만함은 일정한 시간을 필요로 하지만, 사정은 때로 이것을 허용하지 않는다. 입법자가 전혀 고려하지 않았던 경우가 수없이 생길 수 있으므로, 가장 필요한 선견(先見)은, 사람들은 모든 일을 내다보지는 못한다는 것을 깨닫는 일이다. 그러니 정치제도를 튼튼하게 하기를 바라는 나머지 그 작용을 정지하는 힘까지 잃어서는 안 된다.

짧고 Message

결국, 추구해야 할 것은 법과 제도의 안정 그 자체가 아니라 시민의 자유와 안녕, 행복 그 자체이기 때문이다.

130

독재자의 등장

정부의 활동을 늘려 국가의 위험을 막을 수 있다면, 정부의 힘을 한 명 내지는 두 명에게 집중시켜야 한다. 이렇게 된다고 해서 법률의 권위가 손상되는 것은 아니며, 바뀌는 것은 단지 절차뿐이다.
국가의 위기 정도가 심해 법률이 그것을 제어하지 못할 정도라면, 법률이 작동하지 않게 하고, '주권'을 한시적으로 정지시킬 우두머리가 임명된다. 하지만, 이런 경우라고 해서 일반의지가 소멸된 것은 아니다. 왜냐하면 국민의 주된 생각은 국가가 소멸되는 것이 아니기 때문이다.
게다가 우두머리가 이미 입법권을 정지시켰기 때문에, 입법권은 그 기능을 상실해, 우두머리는 입법권을 제어할 뿐 대표할 수는 없게 된다. 우두머리는 모든 권한을 가지지만 법률은 움직일 수 없는 것이다.

위험에 대처하기 위해서 정부의 활동력을 늘리면 좋은 경우에는 그 구성원의 한 사람이나 혹은 두 사람에게 정부의 권력을 집중한다. 그렇게 하면 달라지는 것은 법의 권위가 아니라 그 집행 형식뿐이다. 법이라는 준비물이 위험을 막는 장해가 되는 경우에는 모든 법률을 침묵시키고, 주권을 일시 정지하는 최고의 지도자를 한 사람 임명한다. 이런 경우에는 일반의지는 의심할 것 없이 인민의 첫째 의향이 국가가 멸망하지 않게 하는 데 있음은 명백하다. 이렇게 하여 입법권의 정지는 입법권의 폐지가 아니다. 이 행정권은 입법권을 침묵시켰으나, 그것이 말하게 하지는 못한다.

짧고 Message

비상사태 선포, 유신 선언처럼 근현대 정치사에서 암울한 사건은 이와 비슷한 명분으로 자행되었다.

131

국민 정서의 심판관

일반의지가 법에 의해 발현되듯이, 사회 다수의 의견인 여론은 감찰에 의해 발현된다. 법의 일종이라 할 수 있는 여론을 담당하는 관리는 감찰관이다. 그는 여론을 군주처럼 개별적인 사안으로 적용할 수 있다.

따라서 감찰관의 법정은 국민 여론을 심판한다기보다는, 국민 여론을 대신 표시하는 것에 불과해, 여론과 어긋나는 순간 그 결정은 효력도 없고, 쓸모도 없어지게 된다.

일반의지의 표명이 법에 의해 행해지는 것과 마찬가지로, 공중의 판결의 표명은 감찰에 의해 행해진다. 여론은 법의 일종이며, 이것을 담당하는 관리는 감찰관이다. 그는 이 법을 통치자와 마찬가지로 개별적인 경우에만 적용하는 것이다. 그래서 감찰관의 법정은 인민의 여론에 대한 심판관이 아닌 그 표명자에 지나지 않는다. 그리고 혹시 여론에서 빗나가는 일이 있으면, 이내 그 결정은 효력이 없는 공허한 것이 되는 것이다.

짤고 Message

'국민적 정서를 고려했을 때 용납할 수 없다.'
지금 시대에는 감찰관(여론심판관)이 존재하지 않지만, 정치인들이나 법관들이 법이나 제도적 기준 밖에서 자신의 판단 근거를 마련할 때 자주 애용하는 논리이다. 소위 말하는, '국민적 정서'가 바로 그것이다.

132

여론의 기준

국민의 여론은 헌법에서 비롯된다. 법이 올바른 행동양식에 관여하지는 않지만 올바른 행동양식은 입법에서 비롯되기 때문이다. 따라서 입법이 약해지면 풍습(행동양식)은 퇴폐하지만, 그런 상황에서도 법률도 하지 않은 일을 감찰관이 행하지는 않는다.
결과적으로 감찰이 올바른 행동양식을 하도록 만드는 데 기여할 수는 있지만, 그것 자체로 행동양식을 올바르게 만들 수는 없다.

한 인민의 여론은 그 인민의 법적 체제에서 생긴다. 법은 도덕을 규제하지는 않지만, 도덕을 만드는 것은 입법이다. 입법이 약해질 때 습속은 타락한다. 그러나 이 경우 법의 힘이 할 수 없었던 일을 감찰관의 판결은 할 수 있을 것이다.
여기서 나오는 결론은, 감찰은 습속을 보전하는 데는 도움이 될 수 있지만 도덕을 개선하는 데는 쓸모가 없다는 점이다.

짤고 Message

'감찰'이라는 말을 지금 시대로 소환해 생각해보면 여론 정도로 이해할 수 있다. 여론은 국민적 정서의 다른 표현이고, 그것이 가장 즉각적으로 표현되는 것이 바로 댓글이다. 따라서 댓글은 아무런 법적 기능도 가지고 있지 않지만, 때론 무엇보다 강력한 힘을 갖기도 한다. 댓글과 관련된 법적 이슈가 끊이지 않는 이유이기도 하고, 댓글이 조작되어서는 안 되는 이유이기도 하다.

133

다신교의 탄생

사람들은 애초에 신들 외에 다른 왕들, 그러니까 신정 외에는 다른 정부를 갖지 않았다. 정치사회마다 신을 최상의 가치로 여기며 모시고 있었다는 사실은, 정치사회의 수만큼이나 많은 신들을 탄생시켰다.

서로 싸우는 두 군대가 한 사령관에게 복종할 수 없는 것처럼, 적대적인 두 나라 국민이 한 지배자를 오래 인정할 수는 없었다.

그런 이유로 다신교가 생겨났고, 더불어 신학적인 불관용과 사회적인 불관용이 생겨났다.

인간은 처음에 신 이외의 국왕을 가지지 않았고, 신정(神政) 이외의 정체를 가지지 않았다. 각 정치사회의 머리에 신이 놓였다는 것만으로, 인민의 수만큼 신이 있다는 결과를 빚어냈다. 서로 무관하고 거의 항상 적대하고 있는 두 인민은 동일한 지배자를 오랫동안 승인하지 못했다. 교전 중인 두 군대가 같은 사령관을 따를 수 없는 것처럼, 이렇게 하여 여러 국민의 분립에서 다신교(多神教)가 생기고, 또 다신교에서 종교적·사회적 불관용이 생겼다.

짧고 Message

당시만 해도 인간이 같은 인간을 주인으로 여기는 건 감히 상상할 수 없는 일이었다.

134

유일한 선교자는 정복자

종교를 믿는 일은 국가의 법에 의해 강제되었기 때문에, 다른 국민을 정복하는 일 외에는 개종시킬 다른 방법은 없었다. 정복자들만이 유일한 선교자들이었으며, 개종의 의무는 정복당한 국민들의 법이 되었기 때문에 포교를 위해서는 다른 국가의 정복이 필요했다.

〈오디세이아〉를 쓴 유럽 최고의 문인 호메로스의 시처럼, 사람들은 신을 위해 싸우는 게 아니라 신이 사람들이 위해 싸우게 되었다. 사람들은 자기 신에게 승리를 요구하고, 그 보답으로 새로운 제단을 바쳤다.

그래서 모든 종교가 그것(믿는 일)을 명령하는 국가의 법에 전적으로 결부되어 있었으므로, 어느 인민을 예속시키는 것 이외에는 그들을 개종시킬 방법이 없었고, 정복자 이외에는 전도자가 없었던 것이다. 또 개종의 의무는 피정복자에게 부과된 법이었으므로, 개종에 관해 말하기 전에 먼저 정복자가 되지 않으면 안 되었다.
인간이 신들을 위해 싸우는 것이 아니라 호메로스의 시에서 볼 수 있는 것처럼 인간을 위해 싸운 것은 신들이다. 모든 인민이 자기들의 신에게 승리를 요구하고 새 제단으로써 승리에 보답했다.

짧고 Message

이때부터 신(종교)이 전쟁의 가장 강력한 명분으로 자리 잡게 되었다.

135

이교(異敎)의 출발, 로마

로마인들은 다른 나라를 정복하면서 자기들의 종교와 신을 같이 전파했는데, 때때로 자신들도 정복한 국가의 신을 인정하고 받아들이기도 했다. 그러면서 모두에게 시민권을 부여했기 때문에, 로마가 정복한 광대한 제국 안에 살고 있는 국민들은 도처에 수많은 신들과 종교를 가지게 되었다.

로마인들은 그 제국과 함께 자기들의 종교와 신들을 전파했기 때문에, 또 종종 그들 자신도 피정복민의 신들을 인정하고-고유의 것에도, 받아들인 것에도-어느 쪽 신들에게도 시민권을 주었기 때문에 이 광대한 제국 안의 여러 인민은 다양한, 더구나 도처에 거의 동일한 신들과 종교를 알지 못하는 사이에 가지게 되는 결과를 낳았다.

짧고 Message

이렇게 로마제국은 인류 역사상 가장 다양한 종교를 가진 나라로 기록되었다.

136

예수의 등장

예수가 영혼의 나라를 인간의 땅 위에 세우러 온 것은 바로 이런 상황에서였다. 종교를 정치에서 분리해, 종교가 하나의 국가에 종속될 수 없음을 주장했고, 이 때문에 기독교 나라의 국민들은 온갖 시달림을 받게 되었다.
그런데 피안의 왕국, 즉 천국은 다른 종교를 가진 사람들은 절대로 이해할 수 없는 것이므로, 다른 종교인들은 기독교인들을 국가에 거역하는 반역자로 보았다.
다시 말해 힘이 없을 때는 복종하는 척하다가 호시탐탐 권리를 가로채 독립할 기회를 노리는 반역자 말이다. 이것이 기독교인이 박해받는 이유였다.

예수가 지상에 영혼의 나라를 세우려고 온 것은 이런 상황에서였다. 이것이 종교의 질서를 정치의 질서로부터 분리시키고, 국가가 더 이상 통일된 것으로 남지 못하게 하며, 기독교의 여러 인민을 끊임없이 괴롭혀온 국내 분열을 일으키게 했던 것이다. 그런데 이 피안의 왕국이라는 새로운 관념은 이교도의 뇌리에는 결코 들어올 수 없는 것이었으므로, 그들은 기독교도들을 항상 반역자로 보았다.

이것이 기독교도를 박해한 원인이었다.

짤고 Message

예수에 대한 평가가 근본적으로 '인간을 구원하기 위해 온 하나님의 아들'과 '노예의 삶을 살던 이들을 구하러 온 정치적 지도자'로 나뉘는 이유이다.

137

기독교의 급부상

결국 이교도들이 염려하던 일이 일어났다. 탄압받던 양상이 완전 바뀌며 기독교도들의 태도가 돌변했다. 기독교인들은 천국을 모토로 하는 우두머리, 교황의 비호 아래 현세에서 가장 무섭고 사나운 존재로 바뀌었다.

그럼에도 불구하고 군주와 인간의 법은 여전히 남아 있어, 이들 사이의 전쟁은 불가피했다. 때문에 기독교 국가에서 좋은 정치는 불가능했다. 사람들은 군주와 교황 사이에서 누구에게 복종해야 하는지 모른 채 갈팡질팡할 수밖에 없었다.

유럽과 인근의 나라들이 고대의 제도를 재건하려 했으나 성공하지 못했고, 기독교 정신이 모두를 이겨냈다.

예배는 국가 집단과 별개로 작동하게 되고, 또 '주권자'와 별개의 것으로 독립되었다.

이교도들이 두려워하던 일이 마침내 일어났다. 얌전하던 기독교도들의 태도가 바뀌었다. 이내 사람들은 이 피안의 왕국이라고 하는 것이 현세의 지도자(교황) 아래 이 세상에서의 가장 힘세고 난폭한 전제가 되는 것을 보았던 것이다. 그러나 통치자와 세속의 법도 여전히 존재하고 있었으므로, 이런 이중의 권력에서 끝없이 관할 다툼이 생겼고, 이로 인해 기독교 국가에서는 무릇 좋은 정치라는 것이 불가능하게 되어 버렸다. 기독교의 정신은 모든 것을 쟁취했던 것이다. 신성한 예배는 여전히 주권과 분리된 채였거나, 또는 (일단은 주권에 의존하게 되어도) 다시 분리되어 국가체와의 필연적인 유대를 가지지 못했다.

짧고 Message

군주를 능가하는 힘을 가진 정치 지도자 교황 등장. 그건, 가장 강력한 스킬인 천국을 보는 능력을 장착했기에 가능했다.

138

기독교의 확장

유럽 국가 중에서 영국 왕들은 스스로 교회의 우두머리가 되었고 러시아 황제들도 마찬가지였다. 이 직함을 통해 이들은 교회의 주인이 되기보다는, 그 집행자가 되었다. 교회를 개혁할 권리보다는 유지할 권력을 얻었던 것이다. 그들은 교회의 '입법자'가 아니고 교회를 지배하는 '군주'에 불과했다.

우리들 (유럽인) 사이에서는 영국 국왕들이 교회의 수장을 겸했고 러시아 황제들도 같은 일을 했다. 그러나 이 칭호에 의해 그들은 교회의 지배자가 되었다기보다는 오히려 그 사용인이 되었던 것이며, 교회를 개혁하는 권리라기보다는 차라리 교회를 유지하는 권한을 얻었던 것이다. 그들은 교회의 입법자가 아닌 그 집행자일 뿐이었다.

짧고 Message

유럽에서 기독교 전파의 일등공신은 왕들의 통치 욕망이었다.

139

인간의 종교와 시민의 종교

일반적인 사회와 특수한 사회의 관계에 의해 종교는 두 가지로 구분된다. 바로, '인간의 종교'와 '시민의 종교'이다. 인간의 종교는 신전(교회)도, 제단도, 형식도 없이 최고의 신에 대해 순수하게 정성을 다해 예배를 드리고, 도덕적인 의무감을 가지며, 단순하게 복음만을 전하는 종교다.
사람들은 이를 신의 율법이라 부른다.
시민의 종교는 한 나라에만 등록돼 그 나라에 고유한 수호신을 준다. 이 종교에는 그만의 교리와 형식, 법으로 규정된 외형적인 예배가 있다. 이 종교에서는 그를 따르는 국민을 제외한 모든 이들이 불신자이고, 이방인이고, 악인이다. 인간의 의무와 권리도 제단의 테두리를 벗어나지 못한다.

8. 시민의 종교에 대해

인간의 종교는 신전도 재판도 의식도 없고, 지고한 신의 순수하게 내적인 예배와 도덕의 영원한 의무에 한정되어 있는 순수하고 단순한 복음의 종교이며, 진정한 유신론으로 사람들이 자연적인 신의 율법이라고 부를 수 있는 것이다. 시민의 종교란 어느 특정한 한 나라에서 정해져 그 나라에 그 신들, 즉 저마다 고유의 수호신을 준다. 이 종교는 그 교의·의식·법에 따라 규정된 외적인 예배를 가지고 있다. 이것을 신봉하고 있는 유일한 국민을 제외하면, 모든 자가 이 종교로서는 배신자·이방인·야만인이다.

짤고 Message

주권을 가진 집단을 의미하는 '시민'이 종교와 결합하여 '시민의 종교'라는 막강한 권력으로 다시 태어났다.

140

기독교 커뮤니티

결국 남은 건 인간의 종교, 즉 기독교이다. 오늘날의 기독교와는 전혀 다른 '복음서'의 기독교이다. 이 거룩하고 숭고하고 참된 종교 덕분에, 같은 하나님의 자식인 사람들은 서로 형제로 생각하고, 그들을 하나로 묶는 사회는 죽어서도 결코 소멸되지 않는다.

그러나 정치집단과는 아무런 특수한 관계도 없는 이 종교는, 법률에 다른 힘을 보태주지 않고, 법률 자체에서 나오는 힘만을 인정하기 때문에 특수 사회의 큰 힘인 기독교는 사회에서 전혀 기능하지 않게 된다. 심지어 시민들의 마음을 국가에 안착하지 못하게 하기도 한다.

인간의 종교, 즉 기독교가 남았다. 그러나 그것은 오늘날의 기독교가 아닌 복음서의 기독교로서, 오늘날의 것과는 전혀 다른 것이다. 이 신성하고 지고하며 진정한 종교에 의해 동일한 신의 자연인 인간들은 모두 서로 형제로 인정하며, 인간들을 결합하는 사회는 죽음에 이르러서도 해소되지 않는 것이다.
그러나 이 종교는 정치체와 전혀 특별한 관계를 갖지 않기 때문에, 법에 대해서는 법이 그 자체에서 끌어내는 힘만을 인정해 두고, 법에 다른 힘을 덧붙이는 일은 조금도 하지 않는다.

짧고 Message

국가 공동체에서 강력한 힘을 가지고 있으나, 국가 공동체 유지 측면에서 별반 도움을 주지 않는 기독교인들에 대한 루소의 강력한 불만이 느껴진다.

141

기독교인들의 가치

내가 '기독교 공화국'이라고 말한 건 잘못이다. 이 두 단어는 서로를 용인하지 않는다. 기독교는 복종과 의존밖에 가르치지 않는다. 그 정신은 힘으로 폭력을 행사하는 이들이 가장 좋아하는 단어이다. 실제로 기독교인들은 노예가 되고 말 것이다. 심지어 그들은 그것을 알고 있지만 걱정하지 않는다. 이 짧은 생애는 그들 눈에 가치 없는 것이기 때문이다.

내가 기독교 공화국이라고 말한 것은 잘못이다. 기독교와 공화국은 서로 용납하지 않는다. 기독교는 복종과 의존밖에 설교하지 않는다. 그 정신은 압제에 아주 잘 들어맞기 때문에, 압제는 항상 이것을 이용하지 않고서는 견디지 못한다. 진정한 기독교도는 노예가 되도록 만들어져 있다. 그들은 그것을 알고 있음에도 불구하고 마음을 움직이려고 하지 않는다. 이 짧은 인생은 그들의 눈에는 너무나 무가치한 것으로 비치는 것이다.

짧고 Message

'일반의지'를 신앙고백으로 여기는 루소 입장에서 보면, 현세의 삶보다 사후의 삶에 가치를 두는 기독교는 숙명의 적과도 같은 존재일 수밖에 없다.

142

주권자의 권한

주권자가 응당 가져야 할 진짜 시민적인 '신앙고백'이 있다. 그건 종교의 교리에 관한 것이 아니고, 그것 없이는 좋은 시민도 충실한 국민도 될 수 없는 사회성에 관한 것이다. 주권자는 아무에게도 그것들을 믿도록 강요할 수는 없어도, 그가 누구건 믿지 않는 자를 국가에서 내쫓을 수는 있다. 신앙이 없는 자로서가 아니라 사회성이 없는 자로서, 법과 정의를 진심으로 사랑하지 못하고 필요할 때 자기 목숨을 의무에 바치지 못하는 자로서 내쫓을 수는 있다.

주권자가 그 항목을 정해야 할 순수하게 시민적인 신앙고백이 있다. 그것은 엄밀하게 종교의 교의(教義)로서가 아니라, 그것이 없이는 좋은 시민, 충실한 신민이 될 수 없는 사교성의 감정으로서이다. 그것을 믿는 일은 누구에게도 강요할 수는 없지만, 주권자는 그것을 믿지 않는 자는 누구든지 국가에서 추방할 수 있다. 주권자는 그들을 신심이 없는 인간으로서가 아니라 비사교적인 인간으로서 법과 정의를 성실하게 사랑할 수 없는 자로서, 또 필요에 따라 그 생명을 자기 자신의 의무에 바칠 수 없는 자로서 추방할 수 있는 것이다.

짤고 Message

결국, 무소불위의 권력자인 주권자가 일반의지를 최고의 가치로 여기지 않는 비사회적인 기독교인을 추방할 수도 있다며 섬뜩한 경고의 메시지를 보내고 있다.

143

물과 불의 관계

난 시민으로서 용서할 수 없는 것과 신학적으로 용서할 수 없는 것을 구별하는 건 틀렸다고 생각한다. 이 두 가지는 떼어 놓을 수 없다. 신의 저주를 받고 있다고 믿는 사람들과 함께 평화롭게 살 방법은 없다. 그들을 미워하는 것은, 그들을 저주하는 하나님을 미워하는 것이다.
신학적인 기준이 원칙이 되는 곳에서는, 그 효력에 의해 시민적 기준은 힘을 잃고 만다. 영향이 미치자마자 주권자는 이미 주권자가 아니다. 세속적인 일에서조차, 이때부터는 성직자가 진짜 주인이다. 왕들은 그들의 관료에 불과하다.

내가 보기에는 시민적 불관용과 신학적 불관용을 구별하는 것은 확실히 잘못이다. 이 두 가지는 서로 분리될 수 없는 성질의 것이다. 신의 저주를 받고 있다고 믿는 사람들과 더불어 평화롭게 살 수는 없다. 종교적 불관용이 인정되는 곳에서는 어디서든지 그것은 시민 생활에 어떤 효과가 생기게 하지 않고서는 못 견딘다. 그런 효과가 생기자마자 주권자는 이미 세속적인 일에 관해서조차 주권자의 역할을 못하게 되는 것이다. 그때부터 성직자가 진정한 주인이며 국왕은 성직자의 하급관리에 지나지 않는다.

짤고 Message

같은 이유로 2000년이 지난 지금도 일부 사회주의 국가에서는 종교를 엄격히 금하고 있다.

144

잘 가, 기독교

국가를 독점하고 있는 하나의 종교가 있지도 않지만, 있을 수도 없는 현 시점에서 봤을 때, 그 종교의 교리가 시민이 가져야 할 의무와 어긋나지 않는다면 모든 종교는 다 인정되어야 한다.
하지만 "교회 밖에서 구원은 없다"라고 말하는 사람이 있다면 누구든 국가에서 쫓겨나야 마땅하다. 국가가 곧 교회이고, 군주가 곧 교황이 아닌 이상은 말이다.

배타적인 민족 종교가 존재하지 않으며, 또 이제는 존재할 수도 없는 지금에 이르러서는, 사람들은 그 교리가 시민의 의무와 반대되는 것을 한 가지도 내포하지 않는 한, 다른 종교에 관용한 모든 종교에 대해 관용해야 한다. 그러나 "교회 밖에서 구제란 없다."고 감히 밝히는 자가 있으면, 국가가 교회이고 통치자가 교황인 경우를 제외하고는 누구든지 국외로 추방되어야 한다.

짧고 Message

일반의지건 뭐건, 유일신만을 주장하는 기독교에 대한 루소의 마지막 경고.

145

나머지는 알아서

지금까지 나는 시민의 정치적 권리를 바로 세우고, 이를 바탕으로 국가를 세우는데 필요한 여러 근거들을 제시했다.
이제 남은 문제는 국가의 외부 관계에 관한 것이다.
국제법, 통상, 전쟁과 점령에 관한 법, 공법, 동맹, 협상, 조약 등이 그것이다.
그러나 이런 것들은 나의 좁은 식견으로는 너무나 광대한 대상이다. 내 좁은 시각은 사사로운 일에 고정시키는 게 나을 것 같다.

9. 결론

지금까지 나는 정치적 권리의 참된 여러 원리를 세우고, 이 원리의 기초 위에서 국가를 구축하는 데 노력해 왔다. 이제 남겨져 있는 문제는 국가를 그 외적인 여러 가지 관계에 의해 받쳐 주는 일이다. 이 문제는 국제법·통상·전쟁 및 정복의 법·공권·동맹·협의·조약 등등을 내포한다. 그러나 이런 모든 일은 견식이 부족한 나로서는 너무나 광대한 새로운 제목이다. 나는 내 신변과 좀 더 가까운 일에 언제나 눈길을 던지고 있어야 했을 것이다.

짧고 Message

만약 루소가 국제법, 통상, 전쟁과 점령에 관한 법, 공법, 동맹, 협상, 조약 등의 주제에 대해 앞서 주장했던 것과 같은 논리를 적용시킬 수 있었다면 세상은 지금과 달라졌을지도 모를 일이다.
하지만, 불행하게도 루소의 <사회계약론>은 여기가 끝이다.